温伯格经典译丛

U0589578

咨询的奥秘（续）

咨询师的百宝箱

[美] 杰拉尔德·温伯格◎著

劳佳◎译

More Secrets Of Consulting
The Consultant's Toolkit

人民邮电出版社
北　京

图书在版编目（CIP）数据

咨询的奥秘：续：咨询师的百宝箱 / （美）温伯格
(Weinberg, G. M.) 著；劳佳译. -- 北京：人民邮电出
版社，2015.1（2024.5重印）
ISBN 978-7-115-37672-5

Ⅰ. ①咨… Ⅱ. ①温… ②劳… Ⅲ. ①咨询服务
Ⅳ. ①C932.6

中国版本图书馆CIP数据核字(2014)第275807号

内 容 提 要

本书是全球咨询领域畅销不衰的经典著作《咨询的奥秘:寻求和提出建议的智慧》的续篇。从表面上看这是一本顾问手册，帮助更好地解决客户的问题，实则是一本有关于成长、能力和良好人际关系的故事。作者通过幽默生动的语言，快乐的自嘲，让读者在轻松的氛围中与书中的人物产生共鸣，放下戒备心，不知不觉中备受启发。作者以"自尊工具箱"中的 16 种工具做比喻，让读者发掘每个人都拥有但却常常被忽视的能力，并且逐章介绍每种工具的使用方法。

本书不仅能为专业的咨询人士指出成功之道，也对普通读者在日常生活中如何与人相处具有极大的借鉴意义。

◆ 著　　　　[美] 杰拉尔德·温伯格
　译　　　　劳　佳
　责任编辑　李松峰
　执行编辑　李　静　仇祝平
　责任印制　杨林杰

◆ 人民邮电出版社出版发行　　北京市丰台区成寿寺路11号
　邮编　100164　电子邮件　315@ptpress.com.cn
　网址　http://www.ptpress.com.cn
　北京虎彩文化传播有限公司印刷

◆ 开本：880×1230　1/32
　印张：8.125　　　　　　　2015年1月第1版
　字数：189千字　　　　　　2024年5月北京第24次印刷
　著作权合同登记号　图字：01-2013-4004号

定价：49.80元
读者服务热线：(010)84084456-6009　印装质量热线：(010)81055316
反盗版热线：(010)81055315
广告经营许可证：京东市监广登字 20170147 号

版 权 声 明

译　者　序

在经典著作《咨询的奥秘：寻求和提出建议的智慧》出版 16 年后，作者温伯格又写下了续篇《咨询师的百宝箱》。相比市面上大量讲述案例分析、管理咨询框架或者具体软件实施的书，温伯格的《咨询的奥秘》及续篇没有去谈这些技术细节，而是把目光投向了咨询中最重要的方面——人：人的能力、人的态度、人的自尊，因为"永远是人的问题"。

在本书中，作者已经不拘于总结个别的经验和定理，而是将咨询的智慧进一步锤炼升华，从更高的观点俯视咨询工作，归纳并揭示了我们自身已经拥有却往往浑然不觉的诸多潜力。而这些值得我们认识、关注、运用和锻炼的种种"法宝"，就组成了咨询顾问的"百宝箱"。

本书与前篇一脉相承而又独立成篇，自然少不了一贯精心设计的幽默故事，还有精到而易诵的法则。我有幸承担了这两本书的翻译工作，也希望能够将作者的笔力稍许传达给读者。然而限于水平，译文仍难尽如人意，还请读者批评指正。

　　在本书成稿过程中，图灵李松峰老师、编辑岳新欣、李静等诸位老师付出了许多心血，让文字大为增色。感谢原作者温伯格先生回答了翻译过程中遇到的若干疑问。最后，我深深地感谢我的妻子和父母，本书背后有你们太多的付出。

劳佳

2014 年 11 月

萨提尔序[1]

阅读《咨询的奥秘》是一场非常特别的体验。本书唤起了我的幽默感，让我意识到了人性的弱点，了解了人体系统是如何运转的。最特别的是，本书拓展了我的视野，让我知道变化是如何发生的，以及一名顾问怎样才能在所处的环境中做到卓有成效。

本书思想深刻，表述幽默而生动。杰拉尔德·温伯格的风格就是在分享他的经验和知识时，让我感到备受启发，而不会充满戒备。阅读本书的时候，我能和他笔下的人及问题产生共鸣，快乐地自嘲，并从适用于自己的情景中学到知识。

本书远不只是一本顾问手册，它实际上在告诉人们如何才能掌控自己的成长。作为家庭治疗师，我发现，如果与由父亲、母亲和孩子构成的家庭关系联系起来，将有助于我们理解人的行为以及顾问和客户之间

---

[1] 由于《咨询的奥秘》和续篇都有很多内容源自于萨提尔的工作，我在两本书中都收录了她的序。

的关系。父亲和母亲自然已经成年，孩子则完全依赖成人。我们从出生到成年所学的东西都与此息息相关。虽然很多东西我们都是在无意中学到的，但这个过程还是让我们认识了自己以及自己对于世界的重要性。它也培养了我们应对问题的能力，而这正是顾问所强调的。

不管有没有意识到，也无论我们是客户还是顾问，童年时期学到的的基础知识还在发挥着作用。这些在强大潜意识中的知识有时会阻碍我们获得希望的结果，温伯格经常为此善意地戏弄一下读者或者自嘲。例如，我们每个人都需要他人赞赏和公开认可我们的成功。儿子自豪地骑着自行车，说道："快看，妈妈，我不用手扶也能骑车!"他希望妈妈会笑一笑。可如果妈妈没有，孩子的需要就没有得到满足。直到成年，他可能仍然在寻找那份笑容，只不过身边早已物是人非。

我们当中很多人既希望和需要求知，同时又害怕表达需求后遭到拒绝。我们心想："说到底，如果我够聪明，应该已经无所不知，也能够很好地处理每一个情况。如果我没能做到，那就表明我软弱、愚蠢、荒谬或无能。我无法承认这样的缺陷。"一旦作出了这样的自我解释，大多数人就会开始躲闪，要么隐藏自己的真实感受，要么把这种感受转嫁到他人身上，比如心里想："我并不需要你。如果看似需要，那大概是你看走眼了。"

给予帮助、提供新的应对办法是顾问的工作，但顾问要想成功，工作时就要考虑到上述的客户顾虑。客户请顾问来帮忙，实际上就是在有声或无声地说："我需要你，但我不能说得那么直接，所以请找到一种方法来帮我，同时不要让我否定自我价值。"睿智的顾问在回答时，既能认可客户的自我价值，也不会降低他自己的价值。否则，就不会有什么真正或持久的变化发生。

作为睿智的顾问，温伯格在许多不同的环境下说明了这关键的一点。他指出了应对客户顾虑的有效又有趣的方式，并且经常称赞那些知道何时应向谁求助的客户，认为他们这样做是智慧而非无能的表现。在这种情况下，客户和顾问都在学习中成长，大家都感觉很好。

说到底，咨询的奥秘，讲的不就是成长、能力和良好的人际关系吗？换句话说，就是让我们对自己和别人都感觉很好，也让我们感到希望和目标都得到了满足。

弗吉尼亚·萨提尔

Avanta Network 培训部主任

1985 年 10 月于加州帕洛阿尔托市

序　言

　　如果你是一名咨询顾问，或者曾经请过顾问，那么本书①就是写给你的。这可是个很大的范围，因为如今差不多每个人都算得上是某种顾问，比如硬件和软件顾问、社会工作者和心理医生、管理顾问和工作顾问、能源顾问和资讯顾问、安全顾问和事故顾问、美容顾问和化粪池顾问、顾问医生和顾问律师、婚礼顾问、装修顾问、遗传咨询师、家庭治疗师、经济顾问、破产顾问、退休顾问、葬礼顾问、通灵顾问等。

　　这些还只是专业人士。你问邻居用什么给草坪除杂草的时候，就是在咨询；女儿问你该上哪所大学的时候，你自己就成了顾问。至少在美国，你不用领营业执照就可以建议别人应该买什么车，或是帮别人看看到阿卡德尔菲亚去哪条路最近。

　　既然顾问有这么多类型，那他们有什么共通之处呢？怎么才能让他

---

① 本书可以看作是《咨询的奥秘》一书的续篇或延伸，不过两本书并不一定非要按照顺序来读。另外，由于两本书共同构成一件完整的作品，它们也就共用一篇序言。

们都愿意看这本书呢？我对咨询的定义是应人们的要求去影响他们的艺术。因为人们需要或是担心发生某种变化，所以他们会去做这样那样的咨询。

很多人在影响他人时并非是应对方的要求。法官可以判你做 30 年苦役，老师可以让你看 30 页很难的书，老板可以派你出 30 天苦差，神父可以让你念 30 次《圣母经》。法官、老师、老板和神父也可以充当顾问，但不是在上面这些情况下，因为这些影响是通过某种权力体系施加的，不一定是受影响者自愿接受的。

其他一些产生影响的人虽然没有权力，但因为别人没有要求，也算不上是顾问。说起这一类人，我就想到汽车经销商及其他推销员。同样，他们也可以充当顾问，但在没经你的要求就向你推销的时候，他们就不是顾问。

别人称你为顾问并不意味着你真的是顾问。很多人的头衔是顾问，但这只是为了让他们的无聊工作显得比较光鲜罢了。比方说，某些"软件顾问"其实就是彻底的辅助编程劳动力。他们的"客户"最不想要的就是受他们影响，只当他们是编代码的苦力罢了。不过比起那些普通的头衔，称这些临时工为"顾问"还可以少付他们几块钱呢。

相反，即使没有顾问的头衔，你仍然可以是一位顾问。任何职员都是一线管理人员的顾问。他们雇你，就是在请求你对公司施加影响。（否则雇员工干什么？）不过你拿了一段时间的工资之后，他们可能就忘了是让你来帮忙的了，有时候连你自己都忘了，所以你的任务和公司请来解决某个特定问题的外部人员还不太一样。

　　这不是一本教你如何当上顾问的书。当上顾问很容易，你很有可能已经是一名顾问了，因为只要应别人的要求施加影响，你就变成顾问了。恰恰是在接受请求之后，你才需要帮助。成为全职顾问后，我很快就发现，很少有人在自己很理智的时候想要别人来施加影响。因此，顾问往往会比常人看到更多的非理性行为。比如，你可能已经发现，很多人征求了你的意见，然后却因为你给出的意见而愤怒地攻击你。这种非理性会把顾问逼疯，但如果你能应付，就会为你带来财富。

　　不过我还是有应付不来的时候，此时我会去写书来恢复理智。任何因为不理性而买我书的人可能都想寻求我的影响，不过至少我不用面对面地给出建议。这也就是我的书比我的咨询费便宜的原因。

　　然而大多数时候，我还是很喜欢与客户直接互动的，只要我能忍受他们的不理性。如果还想干这行，我似乎只有如下两种选择。

　　保持理性，然后被逼疯。

　　变得不理性，然后被别人称为疯子。

　　多年来，这两种选择一直让我痛苦不已，终于我想到了第三种方法。

　　理性地看待非理性。

　　本书谈到了我在看起来非理性的行为中发现的理性方面，这些非理性行为无外乎都是要寻求影响。这就是咨询的奥秘。本书的书名表明它是写给顾问看的，但实际上它是写给所有对我们这个不理性的世界感到困惑并想加以改变的人的。这个读者群可谓无限大。

如果你自己也困惑不已，以至于没人找你做咨询，那么可能你自己也需要请一名顾问。你可以看看这本书，以便省下请顾问的钱，或者让你把付给顾问的钱花在刀刃上。

但要是不感到困惑，你绝对不需要这本书，你需要的是心理医生。在当今世界，也许只有远离尘世的人才能不感到困惑吧！

那么，阅读本书能给你带来什么呢？很多人看过了书的手稿，有些人称自己受到了积极的影响。一位顾问说，她应用了一条称为"橙汁测试"的定律，结果得到了原本很可能丢掉的一份利润丰厚的合同。另一个人说，他应用了最小后悔原理，谈下了更高的价码。还有一个人用同样的原理却丢掉了一份大合同，但并不太介意，这也就是该原理叫作"最小后悔原理"的原因所在。一名经理跟我说，他看完本书手稿之后立马解雇了一个每个月要价三千美元的顾问。他倒没说那位顾问后不后悔。

并不是所有情况下都会产生直接的经济影响。有几位读者说，通过阅读本书，他们对咨询的本质更加了解，更喜欢自己的工作了。一位产品总监说他应用了"水牛和狗"的新知识，结果他有更多的建议被市场经理采纳实施了。另一位职员给不出什么具体的例子，不过她说老板称赞她"想法越来越好了"。

一位资深顾问给我讲了一个很长的故事（我觉得他是因为我书里的一些故事太长而故意报复我），说他曾经长期为自己没有博士学位而焦虑。后来他拿出几年时间回到学校攻读博士学位，最后却发现他的客户对学位根本没兴趣。"阅读本书就像去读博士一样。我并不是真的需要阅读，但要是没读过，我就会一直以为自己需要读。"在第 1 章你就会了解到，这是所有顾问都想达到的境界。

杰拉尔德·温伯格

1985 年 8 月于内布拉斯加州林肯市

目　录

第 1 章

我能打败树莓酱定律吗

我跟我的老朋友米歇尔提到我正在给先前那本《咨询的奥秘》写续篇，她满面狐疑地摇了摇头。"你怎么不见好就收呢？你自己都不信自己说的那套了吗？树莓酱定律①是怎么说的来着？"

米歇尔说的那个定律讲的是"铺得越广，摊得越薄"，意思是不管多伟大的信息，发扬得太过分也就被冲淡了。她觉得第二本大概是不如第一本了。

"确实，"她又说道，"我承认你前一本书是不错，可你为啥不见好就收呢？你就想趁着它的成功再捞一笔吧？"

"坦白说，米歇尔，我确实是想借着前一本书的成功来着。我是不是脸皮太厚了？"

"要是确实能给读者带来价值的话就不是。"

"行吧，"我说，"那我在书一开头就告诉读者他们能得到什么价值吧。我们来分析一下好了。"

我和米歇尔说，迄今为止，《咨询的奥秘》的英文版已经卖了十几万本。我还说，很多读者都告诉过我，通过运用"定价十定律""橙汁测试""马文的几大秘密""水牛缰绳"以及"营销十定律"等奥秘，他们的年度咨询收入增长了多少。这她倒是同意的，因为她说她的收入也因此增加了。

"增加了多少呢？"我问道。

---

① 《咨询的奥秘》（温伯格著，劳佳译，人民邮电出版社，2014）第 13 页。

"噢，一年至少有一万美元吧，这还是少说了的。"

"好，"我说，"假设卖出的每一本书都至少有人看过一遍的话，那这些读者一年的总收入就增加了十亿美元，而且是从现在开始每年都有啊。"

"成吧，"她说。"我会买一本的。"

草莓酱定律

如果你和米歇尔一样相信数字，那这套理论也应该能说服你吧。哪怕这本书只有前一本一半好，书中的"果酱"也足够读者饕餮一番了。

可要是你和米歇尔不一样呢？要是你需要一套大道理才会相信呢？那你就得接着往下看，了解一下草莓酱定律。

对于年轻的幻想家来说，树莓酱定律实在是让人泄气，因为他们愿意相信信息传得再广也不会变淡。不过这只是因为他们吃早饭往面包上抹果酱的时候没有好好留意罢了。哪怕他们试过一点点草莓酱，就会遇到一个能够改变他们人生的大发现。

把一点树莓酱抹到几片面包上，你会发现它越抹越薄。可要是你换成草莓酱再来试试，你会发现不管怎么抹，果肉块还在那里！或者，用草莓酱定律来说：

只要有果肉块，就不会抹得太薄。

草莓酱里面的果肉块是草莓。在你传达的"伟大信息"中，果肉块就是你自己！只要你的沟通渠道还实实在在地用到你的身体——说话、写作、拥抱，你的信息就不会被无限冲淡。这也就是我要写这本书的原因：它讲的是你——作为顾问的你，还有你需要的工具，让你的信息变得比大咨询厂批量克隆出来的那些更有分量。

葡萄冻定律

这年头可不兴草莓酱了。葡萄冻似乎成了人们抹在美式吐司面包上的最爱——那绝对没有果肉块，连个小籽都没有。实际上，这玩意根本什么味道都没有，这就没得抱怨了。你可能会说果酱的味道"不正"，可要是压根就没味道你也就没啥可抱怨的了。

既然没有果肉块，葡萄冻太适合用机器加工了，正是形成块的第三个维度——厚度——阻碍了批量复制。葡萄冻就可以涂得无限薄，所以只要有一小塑料盒的酱，就可以想涂多少片面包就涂多少片。要换成草莓酱呢，那就总有遇到果肉块的风险，结果你定好的"一大份"果酱就都涂到一片面包上去了。

绝无意外、生产廉价——葡萄冻的这两个特点合起来就得出了葡萄冻定律：

根本就不会有人有空去抱怨葡萄冻。

葡萄冻定律是一条有关期望的定律。我父亲更喜欢另一种表述方式：

期望不高，就不会失望。

推销点子的时候，你也可以采用葡萄冻的营销哲学。如果你是在介绍课程，那从推广者的角度来看，最好是能把它压缩成一个完全没有果肉的提纲，随便"克隆"一帮讲师都能讲。更妙的是把它弄成录像带或是光盘，到哪儿都能放，得到一样稀薄的效果。这种方法可以干掉坏的果肉块，但同时也会滤掉好的那些。还从来没有人在葡萄冻里面见过整条的毛毛虫呢。

量产产品的设计思路就是要用完全相同的零件，全部制造工艺也都不需要装配工的一丁点个性。类似地，办公流程已经简化为是活人就会做的几个步骤。就像白面包上的葡萄冻一样，它们不能让客户特别满意，但至少产品质量一致，一切尽在掌控。最好的一点就是，没人抱怨了。

团块定律

在另一本书《系统化思维导论》[①]中，我提出了团块定律：

要想学会一件事，就不能什么都学。

换句话说，你得找到属于你的那一块。

通过使用团块定律（你看，我真的会用自己的原理呢），我终于让自己相信，和前一本书一样，这本书也并不打算涵盖咨询顾问应该知道的所有事情。我会把范围限定在每个顾问——实际上是提出和寻求建议的每个人——都应当随手可取的一些基本工具。这也是本书副书名——咨询师的百宝箱的由来。

---

① 温伯格著，即将由人民邮电出版社出版。

咨询顾问应该知道的很多其他东西可见于彼得·布洛克的书，我本人也从这本书中学到很多。在对彼得的一次访谈中，宝拉·雅各布斯问道："你觉得咨询顾问要学的最重要一课是什么呢？"他回答道：

> 人就是产品本身。最好的商业策略，就是努力成为更真实、更完整的人。我们卖的服务是无形的，所以客户无从知道他们会得到什么以及能不能从中获益……我们越坦率、越善于沟通、越沉着、越自知，客户就越可能把我们视为可以依靠的人、信守承诺的人、值得他们学习的人。①

这恰恰就是我在这里要重点关注那些工具的原因——它们帮我变得更坦率、更沉着、更自知、更能与他人沟通。我的这些工具，最初的源头都是伟大的家庭治疗专家萨提尔——你可能还记得她为《咨询的奥秘》作了序。她作序的时候，我才刚刚开始领略她教诲的深邃，但如今这已经渗透到了我生活的方方面面。

萨提尔的自尊工具箱

和我一样，萨提尔也非常喜欢比喻，并且从五花八门的地方收集比喻。她的一个来源是《绿野仙踪》的作者弗兰克·鲍姆。你还记得女巫给了稻草人大脑，给了锡皮人一颗心，给了胆小的狮子勇气徽章，还给了桃乐茜回家的力量。女巫最大的秘密在于，每个人都已经拥有了自己

---

① Paula Jacobs, interview with Peter Block, *CPUniverse Newsletter* (Oct. 27, 2000).

本以为缺少的工具。女巫的职责只是提醒他们而已。

从这个想法出发，萨提尔发展出了"自尊工具箱"的想法——一些我们每个人都拥有，却在感觉无助的时候常常忘记使用的资源。作为顾问，在有时并不买账的世界中孤身前行，我常常用萨提尔工具箱中的比喻提醒自己。

智慧盒——代表了分辨什么适合自己、什么不适合自己的能力。没有智慧盒，我将会发现自己永远都面临违背自己原则或让我毫无动力的情形。

金钥匙——开拓新的学习和实践领域，并且如果此时不适合自己就及时退出的能力。没有这把钥匙，我的咨询面就会非常窄，或只能关注一个我不再感兴趣的领域。

勇气棒——尝试新东西和冒失败风险的勇气。没有勇气棒，我的咨询就和葡萄冻一样了。

祈愿杖——要求我想要的东西以及在要求没有满足时接受现实的能力。没有争取想要的东西的能力，我就无力进行有效的谈判。

侦探帽——有时候再配上一个放大镜——审视数据并由此思辨的能力。没有这些探查能力，我就成了只会兜售一份份现成答案的答案查询机，而不是能满足客户真正需要的问题解决者。

是非符——说"是"和说"不"（谢谢）的能力，以及说话算话的能力。如果说"是"不算是，说"不"也不算不，那么我就会迎合客户的偏见，我的建议也就一钱不值了。

这六个工具就是我当初学到的萨提尔的自尊工具箱。不过多年以来，很多同事还帮我给自己的工具箱里加入了其他工具。

心——全心投入工作的能力和意愿。同事让·麦克兰登把"心"放到了我的工具箱里。她说，萨提尔的工具箱里之所以没有它，唯一的原因是她觉得每个人总是能感受到自己的心。不过在技术环境里，我发现自己常常需要有东西提醒我去注意别人的希望、意愿、恐惧和敏感。"心"能在我需要的时候提醒我一下。

镜子——审视自我并寻求和利用反馈的能力。我一直都知道，反馈对于个人成长十分重要，但在与伊迪·西肖尔和查理·西肖尔合著关于反馈的著作《你说了什么？》[1]时，我对这个话题的理解才大大加深。反馈是一面镜子，

---

① C. Seashore, E. Seashore and G. M. Weinberg, *What Did You Say? The Art of Giving and Receiving Feedback* (North Attleboro, Mass.: Douglas Charles Press, 1992).

我可以看到自己，还能看到自己如何影响周围的人，但只有当我记得去看别人提供的镜子时它才能起作用。

望远镜——看到别人以及比肉眼和大脑更深入地了解他们的能力。我的望远镜要配上镜子一起用，后者提醒我去看看自己。

鱼眼镜头——看到环境的能力。环境在我们每个人四周，并在我们一起工作时影响我们。它提醒我去使用自己已有的许多观察和分析工具。很多工具我在很多书里都介绍过，可在自己最需要的时候却想不起来。镜子、望远镜和鱼眼镜头让我具备了萨提尔一致性模型中的自己、他人和环境。要想保持一致，就得平衡这些元素。

陀螺仪——保持平衡、利用所有工具、保持集中一致的能力。我的第一个陀螺仪是父亲送给我的，我至今还惊异于它在受到扰动时恢复平衡的能力。有时我会觉得陀螺仪对于个人工具箱来说太复杂了，不过随后就记起，恢复生活的平衡很复杂，而我却必须时时努力去做。

蛋——利用自身的一切来成长、发展和学习的能力。我还真的喜欢收集蛋，大部分是漂亮的石头蛋，因为我对鸡蛋过敏。也许过敏就是我花了这么久才把蛋和萨提尔的种子模型联系在一起的原因。这个模型说的是我们每个人来到世界上，都拥有成为完整的人所需的所有工具。在我遇到困难的时候，蛋会提醒我拥有许多自己并未意识到的工具，还拥有选择或制造新工具的能力。

登山扣——确保自身安全以及不冒无谓风险的能力，这样我才可能在必要时去冒险。如果你不熟悉登山的话，我简单解释一下，登山扣就是一个金属环，用来把登山绳固定到钉在峭壁上的岩钉上，可以防止登山者坠落。超级登山迷琳达·斯维泽科将登山扣加入了我的自尊工具箱。登山扣让我有了重新审视自己行为的时间，让我在各种情形下都能够自信前行。

羽毛——逗乐自己和别人以及不把事情或自己看得太重的能力。我是从父亲哈里·温伯格那里学会逗乐的，不过用了好久才学会掌握逗乐的合适时机。羽毛让我记起奥斯卡·王尔德的话："人生太重要，不可太当真。"

沙漏——为重要的事留出时间并好好利用时间的能力。对我来说，沙漏是最重要的工具之一，因为我常常会忘记它。

氧气面罩——平衡生活的象征。它提醒我要呼吸，意味着我要先照顾好自己才能帮助别人。我的同事艾琳·斯泰德把氧气面罩加入了我的工具箱，让我想起飞机上的安全提示："请确保自己戴好氧气面罩并能正常呼吸之后再帮助他人。"氧气面罩提醒我要保持健康，这样才最有可能帮到他人，而不能因为自己筋疲力尽、无法坚持到底而帮了倒忙。氧气面罩提醒我运用所有其他工具来保持自己身体健康、头脑清醒。

　　好啦，这就是我的工具箱了。无论是作为顾问、朋友、丈夫、父亲、祖父，最重要的是作为一个人，它都给了我很大的帮助。我将在后续各章中介绍自己是如何使用这些工具的，希望你能继续阅读。我知道我的工具箱并不全面，但或许有一天，你能帮我把你的咨询工具箱中的利器加入进来。

第 2 章

智慧盒

我们无法坐享智慧，只能通过无可替代、无可避免的旅程自己发现它。

——马塞尔·普鲁斯特

把"咨询师的百宝箱"选定为本书的主题之后，我马上就面临着应该先讲哪一样工具的问题。既然这些工具构成一个整体，也就不用非得排出个名次了，我就先来说说我自己最喜欢的吧：智慧盒。

智慧盒代表了分辨什么适合自己、什么不适合自己的能力。没有智慧盒，我将会发现自己永远都面临违背自己原则或让我毫无动力的情形。

尽管智慧盒是我最喜欢的，却绝对不是我掌握的第一个工具。和大多数人一样，我的智慧也是一点一滴积累起来的。

雷丁读书法则

我从我的大学同学雷丁先生那里第一次知道智慧的重要性。我叫他雷丁先生是因为我想不起来他的名了，另一个原因是弗里伯教授总是用姓来称呼学生，而且还强调称谓——沃菲尔德小姐、坎贝尔先生、斯坦恩女士，当然还有雷丁先生。弗里伯是一个古板老派的英文教授，我在差不多50年前为他批改过新生的考卷。

弗里伯偏爱一些学生，而在我看来，有些人实在配不上他的好评。每次批完卷子，弗里伯都要向我"证明"一下为什么他要给那些宠儿（比我打好的）更高的分数。在改分数的时候，弗里伯还会顺便把我的一些"虚高"的分数调低——雷丁先生则每次都惨遭厄运。

我对于雷丁作业的评价总是高过弗里伯。我清楚地记得，有一次，雷丁写了一篇非常精彩的文章，但不是根据弗里伯布置的阅读内容写的。

弗里伯把分数压低了——实际上是给了他不及格。这下我就得给雷丁解释，要是不遵照要求的话，写得再好也没有用啊。

"真糟糕。"雷丁漠然地说。

"什么真糟糕？"

"哦，我可不能把时间浪费在读弗里伯布置的作业上。人生苦短。我从来不读任何不值得读的东西。"

这就是雷丁读书法则：

绝不要去读不值得读的东西。

巧合的是，那个学期我去上了一门速读课，地点是在内布拉斯加大学校园中保留的一个二战时期的拱形活动房里。速读算是比较低等的课程，连砖砌的楼房都配不上，更配不上有希腊柱式的殿堂和大学的学分了，不过我觉得要是能把阅读速度提高哪怕一点点，也不枉费自己投入的时间和精力了。

三节课上完，我的阅读速度已经到了差不多一分钟 200 个单词。我对这个成绩还感到挺得意的，直到雷丁先生的法则给了我当头一棒。一分钟读 200 个单词有什么可骄傲的？我只要不去读那些不值得读的东西，速度立马能提高三四倍呢。

雷丁法则让我刻骨铭心，我迫不及待地把它用到我排得满满的四个专业的大学课程上。比起那些还没"开窍"的同学，我相信自己优势巨大，不过似乎这种优势并没怎么体现出来。我花了十多年才发现为什么。

加里的垃圾警告

离开了学术的圣殿，我开始了计算机职业生涯，之后又开始了计算机方面的写作。在我出版了几本技术书后，有人请我重作冯妇搞批改：当初我扔回给弗里伯教授了。我的主编加里·贝克源源不断地送给我技术手稿和支票，我则源源不断地提供改进这些手稿的意见。

在三本饱含我的建议和更正的手稿出版之后，我又一次开始洋洋自得了。可加里的第四本稿子却让我回天乏术。首先，作者对这个主题根本一窍不通。再者，他连英文都所知无几。说实话，这稿子实在是差到"好"了——"好"的意思是，可以把它碾成无数碎片来获得虐待狂式的快感。

我当时就住在格林尼治镇上，于是我亲自带着长达 42 页的批评意见，前往座落在上城的翠绿色的麦克格劳－希尔大厦，期待着得到加里的当面称赞。

可并没有什么称赞。相反，加里只是用左手掂量了一下打印得整整齐齐的意见，问道："这都是啥？"

"这是我对手稿的意见。"我自豪地说道。

他瞄了一眼最后一页。"42 页？就为了那个稿子？"

"我想要充分地讨论嘛。"

"哦，你会给垃圾包上彩纸吗？这玩意儿撑死就值两句话。"

就这样，最后的最后，我终于明白雷丁读书法则可以推广到几乎所有事情上。我把这个推广叫作加里的垃圾警告：

不值得做的事情就不值得做好。

或者，用加里更通俗的话来说：

垃圾就别包彩纸了。

这是我第一次清楚地意识到我有一个智慧盒。当时还不知道给它取什么名字好。这个名字是多年后遇到萨提尔之后才有的。

智慧盒是告诉我应该干什么——特别是不应该干什么的头号指南。在学会加里的垃圾警告之前，我的头号指南是别的东西。有时候，我会抢给钱最多的活儿。更多的时候，我是被需要解决的问题本身的趣味性所吸引，或是被需要帮助的可怜人的苦苦哀求所打动。一旦开始干活，我很容易就会掉进自己的完美主义陷阱，一丝不苟地精雕细刻那些根本就不该制造出来的垃圾。

弗里伯的直觉筛

回顾自己帮人解决问题的生涯，我意识到，我一直都有一个智慧盒，但不是总能意识到或坚持使用。比如说，我和雷丁先生的谈话结束了，弗里伯教授的故事却还没有完。在他第五次无视我的评分、奖励坏人、惩罚无辜的时候，我终于听到了内心有个微弱的声音喊道："我受够了！"

这声音听起来无比真实，我一开始还以为弗里伯说了什么。但这不是他那尖声尖气的声音。我身体的某个部分知道，弗里伯改成绩的那些站不住脚的借口肯定有什么地方非常不对头。这个部分就是我的智慧盒，虽然那时候我还没有意识到。

当我的智慧盒开口说话时，我就*知道*它说的是实话。一方面，这声音非常令人信服，和我内心的其他声音都不一样，所以就算我批改弗里伯的考卷一小时能挣到九十美分的巨资，当这个声音响起时，我还是把记分册递给他，辞职了。我还说了几句不那么明智的话，但当时我的智慧盒也不成熟嘛。

虽然想法还不成熟，我还是很清楚地感觉到了什么是对什么是错。这种感觉让我意识到：

任何我不该做的事，我就不该去做——就这样。

我把它称为弗里伯的直觉筛，它适用于那些不值得做的事，以及虽然值得别人做却不该我做的事情。我在此纪念弗里伯教授，借以提醒自己在试图无视智慧盒时编造出的那些敷衍的借口。

智慧还是记忆

虽然智慧盒与生俱来，但学会如何用好还需要大量的练习。一方面，智慧盒说话的方式多种多样。在弗里伯的办公室里，我的智慧盒开口让我警醒起来。有时候它会对我唱歌，我在《咨询的奥秘》里已经提到了我的内心歌唱家。①不过大多数时候，智慧盒是用一种传遍全身的感觉来沟通——我能判断这个感觉是对还是错。虽然它并不是通过我的鼻子感觉到的，但如果非要我选出一种感官，我会说，是气味。

萨提尔本人就常常用味道来做比喻。对于新想法，她会说："咬上一口，看看味道如何。要是好，就咽下去；不合口味的话，就吐出来。"但要是新的情形似曾相识，要坚持先咬那一口就不总是那么容易了。

你的智慧盒似乎在说："别咬那玩意！就像以前你……"随着年龄的增长，你对于犯过的错误的记忆越来越多，把某些记忆错当成智慧的可能性也越来越大。如果你的智慧盒只是在积累不让你做事情的老教训，很快你就啥也干不成了。是，那样你就再也不会犯错了，可你真的想要这样吗？

开始产生旧感觉的时候，问问你自己：我有没有试过更进一步？（换句话说，它到底是感觉，还是对感觉的记忆？）这个声音会告诉你它是此时此地的智慧，还是彼时彼地的回忆。

智慧盒也犯错

把过去当成现实只是智慧盒会犯的常见错误之一。以下是另外一些错误。

智慧盒不能从一个人移植到另一个人身上。这是你的智慧盒，不是

---

① 《咨询的奥秘》第 125 页至第 128 页。

你的道德圣经。它对别人不管用，所以如果你非得提供点儿什么智慧，做好被拒绝的准备——也许是别人的智慧盒正在起作用呢。

反过来也是一样。不要指望通过阅读、聆听或是背诵什么"智慧隽语"就能把智慧从别人的智慧盒里面拿过来。智慧源于经验，也许加上了点儿辞藻调了调味，但也只是调味而已。记住，光吃盐可活不了。

由于每个智慧盒都只适用于个人，你自己的智慧盒也不能作为评判别人的标准。你要是觉得别人的做法不明智，也别显得那么高高在上。高高在上比事事占理还糟糕。

既然警告过你关于移植的问题，我肯定不会蠢到把我的智慧盒一股脑倒给你。再说，如果你看过我别的书，也许已经被灌输了不少我认为是智慧的东西了。

尽管如此，我的智慧盒中还是有几颗宝石值得一试的。这些宝石不是简单的智慧，而是关于智慧的智慧，或是叫"元智慧"。我讲它们的原因在于，你自己的智慧盒里一定要有几颗这样的宝石才能保持正常工作。

适度理性

一个元智慧发挥作用的很好的例子，就是我刚刚忽略了自己给出的关于分享智慧盒内容的建议。忽略这一建议是因为我应用了适度理性规则：

不要理性，要合理。

为什么呢？我可以想出一个合理的理由。

- 我是人，没人能时时刻刻保持完全理性。要是试图这样做，我只会显得比正常人更愚蠢。
- 我在写书；你是我的客户，我的读者；我可以假设你希望作者做出某些合理的事情，比如为他号称在介绍的智慧举几个例子。
- 理性取决于严密的推理链，只要缺了一环就可以打破整个理性的链条。合理会用好多条链来得出结论：有些是理性的，有些是感性的；有些是基于数据的，有些是基于直觉的；有些是发自内心的，有些是源自外部的。因此，合理可能并不那么犀利和高效，但它更安全，更不容易导致灾难性的错误。
- 没人喜欢自作聪明的人。

当心合理化

对我来说，要合理的另一个原因是，我的智慧盒中的某些"智慧"根本就不怎么明智。你看，元智慧是这么说的：

听起来明智的并不见得都明智。

我的智慧盒里一些显而易见的真理只不过是看起来很理性的合理化借口而已。这类荒诞的垃圾必须被清除出去，扔到"愚蠢盒"里去——这里都是我一度以为是智慧的愚蠢。大多数愚蠢都是我年轻时学到的，比如母亲在给我的割伤或擦伤处擦消毒剂的时候，对于刺痛感的合理化：

要是疼的话，说明它对你好。

我把这种常见的错误想法叫作"杀菌谬论"，这和你在餐馆里见到的招牌是一回事：

美食需要时间。

确实，有些让你疼的东西对你好，有些美食做起来是需要时间。可是，让我们把话说清楚，这两种谬论都是把服务差合理化的借口而已。现在我的智慧盒里有了一条完全不同的关于咨询的格言了：

要是他们告诉你疼就肯定对你好的话，换个顾问吧。

这是我的智慧盒里关于何时辞退顾问的众多格言之一。

避免错误推理

有时候，我会因为错误的推理而误用盒中的智慧，逆蕴涵就很常见。

虽然美食需要时间，做得慢却可能一样难吃。

- ❏ 就算疼痛代表治疗对你好，还可能有根本不疼的治疗方法呢。
- ❏ 在我的整个咨询生涯中，只有两个客户把我的血汗钱骗走了。这两个推销员都是举办纯粹捞钱的会议的。

我不太相信教科书，但曾经被我的编辑忽悠说，我写的教科书肯定会畅销。我自己不相信教科书，到今天也不相信，可还是写了。在我的写作生涯中，这是唯一一本亏了钱的书。

从以上和其他一些例子中，我学会的一条智慧是：

亏大钱的最佳方法之一就是纯粹为了钱做事。

我们可以把它叫作贪财格言，它似乎对我挺适用的。可是，在我的另一段时期，我错误地把这个格言反过来了：

赚大钱的最佳方法之一就是做事而不考虑钱。

唉，虽然我偶尔也发发横财，但这种推理却不能普遍适用。如果我想要靠当顾问过活的话，签合同的时候不能不考虑钱。这个智慧在于不要只考虑钱：

你要是想靠做顾问谋生，要考虑钱，也要当心其他重要方面。

还有什么重要的方面呢？头一个就是和你打交道的人的品质，比如"他们是不是只想着钱呢"？

提防贪欲，特别是自己的。

了解你的局限

智慧常常表现为了解自己知识的局限。我的智慧盒知道我并不是无所不知，但有时候，我还是会被全局尽在掌控的感觉蒙蔽，而且每次屈服于这种诱惑时，我就会做出蠢事。

所有的骗子——包括骗了我的那些推销员——都非常了解这个元智慧原则，我把它称为傻瓜综合征：

无所不知的人最好骗了。

定期检查自己的智慧盒

随着年龄的增长，我越来越健忘了。我记得有人跟我说过这个，可不记得是谁了。不过我倒是记得，他告诉我要列个单子以免忘掉重要的任务。虽然我从来没列过单子，但这主意听起来还不错，所以我就开始列单子，可我又不记得去看。

在本章的结尾，我本来想给你列出所有误用智慧盒的可能，你猜怎么着？我把那张单子弄丢了。不过这不要紧，因为我已经知道，要是真有什么重要的东西，我在该写到它的时候肯定会想起来的。还有，对于智慧盒，我知道的最重要的一件事就是，我常常忘了及时去看它，就和我列的单子一样。

现实生活和写作不一样，你很少有等着智慧盒及时发挥作用的机会。而且想想主管线格言：

你不知道的东西可能不会伤到你，但你记不得的东西肯定会。[①]

这尤其适用于你不记得自己的智慧盒的时候。比如，人们经常在很多年前就知道自己面临糟糕的状况——工作、任务、婚姻，但他们似乎一直没能打开自己的智慧盒。比如我认识的那些和施虐的丈夫离婚的女人，她们告诉我说差不多花了三年才听到自己智慧盒的声音。对待虐待人的老板或是客户，人们似乎也需要差不多的时间，那这段时间里智慧盒都在干什么呢？

我怀疑它是悄悄来临的，就像脂肪随着每一块点心悄悄地堆上我的腰一样——这算是快餐谬误的一个特别阴险的版本：

没区别加上没区别加上没区别……最后等于很大的区别。[②]

---

① 《咨询的奥秘》第 113 页。
② 《咨询的奥秘》第 161 页。

这些就是我的智慧盒里面的元智慧了。有些内容好像自带闹铃，在情况危险的时候会响起警报。但有些似乎还有个小睡按钮，让我们能够无视警报，不管它有多明显。

当你身处点滴渐变的环境中时，最安全的做法是设置检查节点，强迫自己定期查看智慧盒。比如下面这些。

- 我从不和客户签长期合同。这样我们每过一段适当的时间就必须重新讨论我们的处境，这样的谈判就让我有时间来思考当前的安排是否仍然适合我。
- 最近，我喜欢在大自然中远足。我发现自然界充满智慧，这些智慧能够充实我自己的智慧盒。
- 在大自然中漫步是一种沉思，但要是不方便的话，我会随时随地作短暂的冥想，无论是在机场、在排队还是在等着上网都可以。即使最短暂的沉思也能把我的智慧盒从危险的沉睡中唤醒。
- 还有，我特别喜欢和丹妮长途自驾旅行。穿梭群山之间，但见美景，心无旁骛，丹妮和我的智慧得以联通——让我玩味自己的智慧，并从她那里接收适合我的。

好了，你的生活中又设置了哪些智慧的检查节点呢？

第3章

金钥匙

　　迈向智慧的第一步是要怀疑一切，而最后一步则是要接受一切。

　　　　　　　　　　　　——格奥尔格·克里斯托弗·利希滕伯格

我的金钥匙是智慧盒的好搭档，因为要是不冒险踏入全新的领域，我也就没法获得智慧了。金钥匙代表的是开拓新的学习和实践领域，并且如果此时不适合自己就及时退出的能力。没有这把钥匙，我的咨询面就会非常窄，或只能关注一个我不再感兴趣的领域。

刨根问底也是好事

不知什么原因，我的金钥匙一直非常管用。也许这把钥匙是父亲给我的。他不是假装什么都知道，而是总是反问我"那怎么才能知道呢"或者"我们到哪儿去查呢"，于是有时候我们就会一起去研究。不管怎么样，就算他真给答案，也从来不会一下子就竹筒倒豆子，而是会一环一环地让我去探索。

和父亲一样，我也是个爱刨根问底的人。我会研究我不明白的东西，学不到什么了再放下。很可能这就是我写了这么多书的原因。"为了写书"是我去探索、打听乃至窥探时的标准借口。

我的很多书开篇就提了个问题，最好的那几本都是这么写的，有几本甚至是用提问做书名，比如《你的灯亮着吗？》[①]《你说了什么？》[②]。

其他几本书也暗含着问题，金钥匙打开了我思想的大门。

---

① 唐纳德·高斯、温伯格著，俞月圆译，人民邮电出版社，2014。

② C. Seashore, E. Seashore and G. M. Weinberg, *What Did You Say? The Art of Giving and Receiving Feedback* (North Attleboro, Mass.: Douglas Charles Press, 1992).

❑ 我的博士课题"解决问题的实验"问道:"'啊哈!'的体验从何而来?"[1]

❑ 《系统化思维导论》[2]问道:"哪些普适的思维定律适用于几乎每一个复杂的环境呢?"

❑ 《程序开发心理学》[3]提的问题是:"在计算机编程行为的背后,经历了哪些精神和情感过程呢?"

❑ 唐纳德·高斯和我合著《探索需求》[4]时,我们想知道:"怎么才能知道人们究竟想要什么呢?"

❑ 我的四卷本《质量软件管理》[5]整个都是基于一个问题:"经理对他们治下生产的软件的质量会产生什么影响呢?"

其实,这本书也是从提问开始的:"有什么强大的工具是所有成功的顾问都需要的呢?"

波兰斯基指针

好吧,不是每个人都爱写作,但金钥匙也有别的用法。自从我对计算

---

① Gerald M. Weinberg, "Experiment in Problem Solving," Ph. D. Thesis, University of Michigan, 1965.

② 温伯格著,即将由人民邮电出版社出版。

③ Gerald M. Weinberg, *The Psychology of Computer Programming: Silver Anniversary Edition* (New York: Dorset House Publishing, 1998).

④ Donald C. Gause and Gerald M. Weinberg, *Exploring Requirements: Quality Before Design* (New York: Dorset House Publishing, 1989).

⑤ Gerald M. Weinberg, *Quality Software Management, Vol. 1-4* (New York: Dorset House Publishing, 1992-1997).

机编程略知一二开始，就经常有人让我帮忙给程序找错。一开始，我对于这项有时称为"抓臭虫"的活动并没有什么心得，在错误的线索上浪费了很多时间。终于，在华盛顿阴雨连绵的 12 月的一个早上，我突然茅塞顿开。我们当时的期限是死的——火箭发射时间已经定好了，可偏偏有一个程序怎么都不对劲。有一个叫沃利的程序员叫我去帮忙，说他们已经搞了一个通宵，还是查不出问题在哪儿，我就问他们都查出什么了。

"有一件事我百分之百肯定，"沃利说，"问题肯定不在红程序里。这程序我已经查了六遍，萨拉也查过了。"

我相信了他的话，马上埋头开始搞蓝程序、绿程序、黄程序，结果再也出不来了。我的意思是说我没出来吃午饭，也没出来吃晚饭——这在我的一天里可都是大事。最后，到了晚上九点半，我的肚皮告诉我隔壁的波兰斯基熟食店再过半小时就要打烊了，于是我决定歇口气。

我到店里的时候，波兰斯基的员工已经打扫干净要关门了，于是我问服务员茱莉要一份腌牛肉外卖——要精瘦的。

"我们的腌牛肉都是精瘦的。"茱莉一边堆三明治一边纠正道。之后她转过身喊道："嘿，波兰斯基，给我拿个外卖袋过来？"

"肯定是让哈罗德给收起来了，"波兰斯基在后厨喊道，"你知道他给搁哪儿了吗？"

"不知道，不过不在饼干橱里，我已经找过了。"

"谢啦！"波兰斯基喊道，不一会儿就从厨房里面冒出来，得意地挥着一个牛皮纸袋。

"你在哪儿找着的？"茱莉问道，"哈罗德收拾的东西我从来都找不到。"

"就在饼干橱里呀。"

我目瞪口呆。"为啥你往那儿找呢？她不是和你说肯定不在那儿吗？"

"说的正是，"波兰斯基说，"茱莉那么确定它不在那儿，这意味着她非常相信它不在那儿，所以很可能她压根就没看过。所以它很可能就在那里呀。"

"哦。"我嘟囔道。我抓起三明治，付过账单就冲回了办公室。

沃利还在那儿研究那些失常的代码。"把红代码给我。"我坚持道。

"为啥啊？"沃利质疑道，不过还是把清单递给我了，"我们知道不是它的问题啊。"

"正是。"我说道，没过两分钟就把毛病找出来了。

我就是这样学会金钥匙的另一种用法的，我把这个方法叫作波兰斯基指针：

要是别人非常肯定它不在那儿，那它很可能就在那儿。

波兰斯基的指针告诉我要开哪扇门，还有一个推论告诉我不用开哪扇：

大家都指着的地方就不用看了。

毕竟，要是他们都知道该往哪儿看，也就用不着请顾问帮他们找了。

波兰斯基指针还有另外一个版本，在我发现自己在"远离"某个话题的时候适用：

要是你觉得什么事跟你毫无关系，它很可能就对你有用。

为什么呢？你想，它能称得上是一个话题，有人对它感兴趣，那肯定有点什么能够激起人类兴趣的东西。所以，要是我根本看不出它有什么有意思的地方，必然是因为我见识不够，发现不了它为什么有意思。这是一个确定的信号——我要是能打开这扇门，就一定能学到点什么。

金锁

使用波兰斯基指针的这个版本的时候，我还有个窍门。我先找到对于这个话题非常着迷的人，然后问问他会推荐一无所知的新手看什么东西。这招屡试不爽，除非我找到的那个人也不是真心热爱，只不过是借此谋生而已。这还是有区别的。

出现这个区别的原因在于，大多数人并没有充分利用自己的金钥匙，于是太容易陷在一个让自己感到无聊的领域不能自拔。我把这种现象叫作金锁：

我是想学新东西啊，但我已知的东西收益太好了。

"金锁"是"金手铐"的近亲，后者是公司用来捆住最有价值的员工的。和金手铐不同，金锁是自己设计、自己锁上的。由于是自己设计的，这个陷阱比金手铐高明得太多了，也只有金钥匙能够打开它。

戴着金锁的"收益"并不一定是钱，当然钱对于顾问来说是最常见的。很多时候，收益是声望，或是同事的艳羡，或是客户的感激。不管是什么，都让人恋恋不舍，于是也就成了锁。

这就是为什么金钥匙有两面——一面开锁，一面再把锁锁上。我自以为我的金钥匙也很善于锁门，但比起我的爱人和搭档丹妮来说，我还是太嫩了。丹妮尤其擅长锁上门，去下一站。她已经接连掌握了几个不同领域的人类知识，而且每个领域都能出类拔萃——教钢琴，搞人类学，为大型组织做咨询，还能培训专业驯狗师。

多年来，我觉得我已经学会了丹妮的秘密法则，我把它叫作丹妮准则：

要是你再学不到什么新东西，就该换换了。

丹妮准则是咨询里最厉害的秘诀之一。为什么呢？顾问有饭吃是因为知道别人不知道的东西，所以不学习的顾问很快就会贬值。另一方面，你知道的越少，就越不可能让客户受到改变的威胁，也许你可以成为一个"安全"顾问——绝不会给客户带来改变现状的危险。

锁语

我们知道顾问，尤其是熟练使用金钥匙的那些，可能会对客户造成威胁。这也就是为什么我们经常发现，客户会使用"锁语"，以免我们打开他们的柜子，看到真实或想象中的"家丑"。

有些锁语是非常直接的。有客户请我去看看他们的组织，然后直截了当地跟我说："有些东西我们不想让你看。"

有时候，我会应用波兰斯基指针，说我想看某样东西，他们就说："不行，我禁止你看。"

"禁止"是个蛮直接的锁语，不过那些权力比较小的人可能会表达得更婉转一点。我在工作中最常听到的锁语可能是"你要是问起某样东西的话，他们会不高兴"。

自然，我从来都搞不清楚"他们"到底是谁，所以就反过来说："噢！我还不知道会这样。你能告诉我'他们'是谁吗？我去征得他们的同意。"一般情况下，说这话的人都不能或不肯说出具体某个人，但要是他们说出的话，我就直接去找这个人，告诉他们我想要某样东西。

锁门甚至还有更微妙的方式，那是学校多年来灌输给我们的——学校会教给我们不要问"太多"问题。当然，我很理解那些老师，由于有一大班任性吵闹的孩子要管，所以会限制每个学生提问的数量，但这种条件并不适用于固执的顾问。所以，每当客户对我的提问流露出不耐烦的情绪，我就会直截了当地说："我是不是一下子问太多问题了？要不我们回头再继续？"

当然，我的金钥匙之所以称得上是"金"的，部分原因是我具有在紧锁的门后获得信息的能力——还不能让客户把它关得更紧。要是我能很好地融入客户的体系，就不大会引发禁令。或者，要是客户的锁让我没法完成他们要求的工作，至少我可以不和他们签约嘛。

我还学会了不要没完没了地问问题。我在好几本书里都写过了，用不着一直问问题，获得信息的方法有的是。所以，我不大会被强硬直接地拒绝，但要是不小心的话，客户还是可能会把我的金钥匙哄睡着了。

催眠语

有一年夏末，一个 IT 客户让我帮忙指导一下如何更好地和顾客打交道。我一般不乐意在夏天出差，但这次似乎挺急的，我必须到场来安抚双方。顾客对 IT 经理暴跳如雷，因为系统没有按时交付使用；IT 经理也对顾客火冒三丈，因为他们没有如约提供一些基本信息，导致整个项目拖延了四个月。

当我到的时候，外面是将近 40 度的三伏天，可屋里的气氛更为灼热。IT 经理杰夫拍着桌子喊道："你当初答应好 2 月 1 日就把零件定价数据给我们的！"

编目经理佩妮冷冷地瞪着他，低声说道："我们从来没答应过。从来没有！"

"你们答应过的！"

"没有，从来没有。"

然后他们就又绕回去了，不过温度又上升了几度。

我觉得要是能让大家冷静下来，大概比较容易解决问题，可我听到的全是翻来覆去的"你答应过""不，我们没答应过"。我决定不能光听他们说，得先确定点事实，于是我问原始需求文档在哪里。佩妮和杰夫似乎对我要求查数据都有点惊讶，不过佩妮随即平静下来，说："好得很，这就能证明我说的了。"

"不，那会证明我说的。"杰夫反驳道，"说得好，杰里。这下我们就知道是谁的错了。"

他们找出文档的速度让我惊讶（很多客户似乎项目一上马就把需求文档搞没了）。杰夫抢先打开了文件，用食指点着这样一行关键文字：

编目部门应于2月1日前向IT部门提供零件定价数据。

我以为佩妮能找到什么别的说法来"证明"她的观点，但过了一会儿，她把她那份找出来了，翻到同一页，同一句话用粉色的荧光笔标出来了。"你看，"她带着胜利的口吻说，"这就是我的证明，我们从来没有承诺那么早提供数据。"

"你答应了。这写得清清楚楚，就在这儿。应于2月1日前提供。"

"一点不错，"佩妮反驳道，"它没说我们会提供，只说我们应该提供罢了。我们也确实尽力了。但你们这些搞电脑的显然不知道对于每一个定价让所有相关方签字要费多少劲。"

好吧，我最后还是让大家都冷静下来，不再互相指责而是开始解决问题了。但在此之前，我要双方都同意参加我设计的一个小讨论班。设计这个讨论班的目的在于，我可不希望他们第二年夏天遇到同样问题的时候再跑过来一趟。出现这个问题，完全是由于对语言模糊性缺乏认识。以下是讨论班的节选：

应

讨论班一开始，我就着重讨论了他们最初的问题，也就是那个讨厌的"应"。杰夫对原话的理解是：

> 编目部门（必须）于 2 月 1 日前向 IT 部门提供零件定价数据。

但是佩妮对"应"的解读可不一样：

> 编目部门（会尽力）于 2 月 1 日前向 IT 部门提供零件定价数据。

我教给他们的是一种比较保险的解读，"应"就是"很可能不会"，于是句子就变成了：

> 编目部门（很可能不会）于 2 月 1 日前向 IT 部门提供零件定价数据。

"噢，"杰夫说，"要知道是这样的话，我们就不这么安排项目了。编目部门有没有可能在 2 月 1 日提供一部分定价数据呢？"

"当然可以，"佩妮说，"我们当时实际上把 90% 都搞好了，但最后的 10% 大部分是新产品，我们全忙活它们了。"

"哎呀，要早知道就好了。我们开工用不着整张表。好吧，那下次就告诉你我们到底要什么。"

就

杰夫让我的下一课有了完美的开端。"对不起，杰夫，"我说，"那可不行。"

"为啥不行？"

"因为你又偷偷加进去了一个打折扣的词。"

"啥词？"

"就。"我走到白板前，把他说过的话写下来：

> 下次就告诉你我们到底要什么。

"看看，这句话和下面这句有什么区别？"我接着写道：

> 我下次会告诉你我们到底要什么。

"这不是一回事吗？"

佩妮插了一句。"我知道了，'就'听起来似乎什么问题也不会有。它低估了事情的难度。"

"完全正确。这就是我所谓的'催眠词'。'就'和'应'一样，会让你陷入一种不真实的安全感。杰夫说的'就'更应该解释成'需要费很大劲'。"

"我明白了。"杰夫来到白板前，从我手里拿走了马克笔，写道：

> 我们下次（需要费很大劲）来告诉你我们到底要什么。

"我说，"他叹了口气，"我们要是上个月上这一课就好了。我次好的分析员撂挑子辞职了，可我一点预感都没有。前几个礼拜，他和我说：'我们还没雇到新的分析员，那我就一周工作 80 个钟头吧，直到找到新人。'我应该听出来他说的是：

我们还没雇到新的分析员，那我（需要费很大劲）一礼拜工作 80 个钟头，直到找到新人。

他是想告诉我负担太重，可那个'就'让我的理解打了折扣。因为我没听懂他说的话，导致他最后辞职了。真该死！"

尽快

佩妮似乎若有所思。"我知道还有另一个催眠词给我们惹麻烦了。"

"啥词？"杰夫问道。

"你还记得，我们 2 月 1 日还没弄好定价，你问我什么时候能给你？"

"当然，可我不记得你是怎么说的了。"

"那是因为我用了个催眠词。我说'尽快'，那意思是……"她看着我，我点点头。

"我觉得它的意思是'我也不知道，不过别一直催了'。"

"一般来说这是个不错的解释。"我表示赞同。

很

"实际上，"杰夫插进来说，"你说得是'很快'。"

"要命，"佩妮说，"那又是什么意思呢？"

"加个'很'就像摇篮曲配上了安眠药。这几乎更加肯定需要很久很久，也许永远都等不到。"

我们又花了点时间来讨论催眠词，比如

- □ 只：只改一行而已。（也就是说，我也没想过能出什么问题。）
- □ 什么：我什么也没改。（也就是说，我没有改我觉得重要的东西。）
- □ 只要（"就"的同义词）：我只要做……（也就是说，我要做……会很麻烦。）

最后我发现佩妮和杰夫都在打哈欠。我突然意识到，把人说睡着的方法有很多。于是我就不说话了，他俩都醒过来了。

后来，我思考了这些催眠词背后的意义。它们实际上是让说话者和听者的思维都松懈下来，以此减少反馈。没有反馈就意味着，没有办法澄清含有催眠词的话到底是什么意思。没有澄清，就可以解释成几乎任何意思——这就是麻烦的开始。你要是想避免这种麻烦，现在就把催眠词换成警报词，让你清醒地意识到可能的误解，而不是哄你睡觉。现在就做！

固定陈述

最后，最危险的锁语不是来自客户，而是来自自己。某种意义上，最强大的锁语类似于这种形式：

我是顾问。

"是"的句型就是我所谓的"固定陈述"（Constant Comment，喝这个牌子的茶的同学不好意思了）。如果你说你是顾问，这听起来你一辈子就只能干咨询了。要知道区别在哪里，比较一下下面几种说法：

> a. 我是顾问。
> b. 我现在做顾问。

> a. 我是操作系统专家。
> b. 我的专长之一是操作系统。

> a. 我不知道怎么应对这么难搞的客户。
> b. 我到现在还没学会如何应对这么难搞的客户。

注意，在 b 说法中你有可能用金钥匙打开新的大门，而 a 说法都是固定陈述，感觉你永远被锁在一个地方了。

有一个用来破除固定陈述的金钥匙技巧我特别喜欢，它受到了萨提尔的启发，不过原作要归于一个在百岁生日时接受记者采访的内布拉斯加老农。

"你一辈子都住在内布拉斯加吗？"记者问道。

老农想了一会儿，回答道："嗯……是的，到现在为止。"

所以，要是你听到似乎把你自己或是某个客户锁在一个不变状态的说法，只要加上"……到现在为止"，锁就会咔嚓一下打开了。在第 13 章中讨论给人以力量的"蛋"工具时，会再次讨论"……到现在为止"的力量。

第 4 章

勇气棒

　　恐惧是迷信的根源，也是残忍的根源之一。智慧始于征服恐惧。

　　　　　　　　　　　　　　　　　　——伯特兰·罗素

勇气棒这个比喻，是要提醒我自己拥有尝试新东西和冒失败风险的勇气。没有勇气棒，我的咨询就和葡萄冻一样了。我反反复复磨炼同一套技巧，直到所有的果肉块都磨没了。最终，我变得畏首畏尾，害怕尝试任何新事物。

懦夫信条

一动笔写这一章，我就遇到一个问题：和书中其他的章节不同，我对勇气并没有什么直接的体验。在现实生活中，我从来没有做过一件非常勇敢的事情。

我的字典里说，勇气是去冒险、坚持并承受危险、恐惧或困难的精神或道德力量。我这一辈子克服了不少困难，但那不是勇气，而是固执。危险就是另一回事了。作家汤姆·克鲁姆用首字母来定义恐惧（FEAR）。[1]其中一种定义是"幻想被当作现实"（Fantasy Experienced As Reality），我们后面会谈到。但他的另一种定义比较适合我，即"害怕一切并逃跑"（F--- Everything And Run）。我是个十足的胆小鬼，虽然可能很多人并不这么看我。让我举几个看起来需要勇气的例子吧：

❑ 向读者承认我并不了解这个主题；

❑ 不管怎么样都写上一章。

---

[1] Tom F. Crum, *The Magic of Conflict* (New York: Touchstone, Simon & Schuster, 1987).

不管你是否觉得这两种行为很有勇气，反正我是不觉得。为什么呢？

先看看"承认我并不了解这个主题"。我想可能很多顾问都害怕承认不了解某个主题，但我从来没这个问题。我害怕的是无知，然后被人发现自己不懂装懂，那我要干咨询顾问这行可就真悬了。所以说，如果勇气是面对危险坚韧不拔，那勇敢的做法就应该是冒着被人看穿的风险，假装我对勇气了如指掌。

同样道理，似乎我对勇气一无所知时写上一章也是需要勇气的。但那是因为我的金钥匙在发挥作用，我写这一章是为了学习"勇气"。我真正害怕的是不了解这个话题。那么，勇敢的做法就是不屈服于我对无知的恐惧，彻底不去学习也不去写了。

尽管有如上的推理，我的读者还是不断告诉我，我写某些话题或者写作本身这件事有多"勇敢"。多年以来，这种胡说八道让我坚信"懦夫信条"：

勇气不是一种感觉，而是外在表象。

我的意思不是说从来没有人感觉到勇敢，而只是说我不是这种人，也完全不理解这种人。你看到我的任何勇气都只是假象，而假象背后可能是下面这些东西：

- ❑ 对于某种行为的风险和回报的看法不同；
- ❑ 对于行为所在环境现实的认识不同。

如何使用勇气棒

我曾经试着在组织变革培训班的学员身上研究勇气，我教过他们如何使用勇气棒[①]。这件事收效不大，因为"勇敢"的人都像我一样说："我并不勇敢。"所以我问："如果你不勇敢，那勇气棒又是怎么帮助你的呢？"他们是这样说的：

- ❑ "我害怕某件事情太困难，于是就用勇气棒来让自己回想过去干过的更困难的事情。比方说，有一次没打麻药就拔了四颗智齿。这样一比，那件事就微不足道了。"

- ❑ "我害怕结果不好，于是什么都不想做。我摸了摸幸运手链上的勇气棒，提醒自己保持镇定，并想想除了我害怕的那个之外的其他结果。我发现其实有很多可能性，并不是只有一开始想到的那个最可怕的结果，而且这个结果并不太可能发生，只是比较吓人而已。"

- ❑ "我知道有很多其他的结果，但一开始就觉得它们都不太可能。我想起自己的勇气棒，想象自己拥有一定的决定权。很快我就想到可能影响结果的其他因素，而这些因素是我很容易改变的。"

那勇气棒到底是干什么用的呢？它让我们想起了 FEAR 的另一种缩写：

FEAR = Find Every Available Resource

勇气 = 找到一切可用的资源

[①] 在组织变革培训班上，我教学员整个工具集的用法。更多关于该培训班的信息，请参阅 www.geraldmweinberg.com。

想到这一点，我立马从瘫痪状态切换到搜寻模式，开始找别的资源了。随后我彻底研究事实，仔细考虑风险和回报，而不是匆忙对脑海中第一个浮现的事实或风险做出反应。如果风险和回报还是不理想，我会想想有没有其他能够改变结果的做法。考虑了所有这些之后，我可能会做出旁人看来勇敢的行为，但这实际上是冷静审慎思考的结果。

勇气棒代表了有效思考所需要的冷静和惬意，以及不论他人怎么做都能很好把握自我的能力。适当的勇气棒应该可以用一只手平静舒适地握住，没有尖利的刺或边缘。我喜欢的勇气棒是我在俄勒冈海滩上捡到的一块木头。它摸起来就像是为我的手专门打造的，无数次海水和沙子的冲刷把它打磨得十分光滑。它让我想起自己经历过多少次磨难，让我得以镇定下来，显得勇气十足。

有时候，培训班的学员喜欢拿大木棒子作为勇气的象征，比如棒球棒什么的。这可不对，这种想法源自一种错误的观念，即勇气就是殴打他人的能力。

有时候人们喜欢用一个小而尖的东西来代表勇气，比如针。这也不对，这种想法源自另一种错误的观念，即勇气是刺激别人——也就是操控别人的能力。

阿尔伯特·爱因斯坦曾经说过："伟大的思想总是遭到平庸之辈的强烈反对。后者不能理解一个人会不盲目地屈服于世代相承的偏见，而是诚实勇敢地运用自己的头脑。"这正是勇气棒要做的——提醒你诚实地运用自己的头脑，而不只是根据一开始的恐惧做出反应。

胆小鬼公式

要学着向伟大的思想看齐，你必须明白恐惧是如何影响人们的行为的。我把它叫作胆小鬼公式：

如果你害怕做 A 甚于害怕做 B，那你就会做 B。

比如：

- 如果你害怕用牙线胜过了害怕蛀牙，那你就不会用牙线；
- 如果你害怕写作胜过了害怕迟交，那你就不会写报告；
- 如果你害怕营销胜过了害怕受穷，那你就不会给潜在的客户打电话。

把胆小鬼公式付诸实践有三种方法。

- 你可以增加对于 B 的恐惧。想想你牙疼最狠的那一次还有昂贵的牙科治疗，也许你就开始定期用牙线了。
- 你可以降低对 A 的恐惧。在所写报告的每一页上都盖上个"草稿"的戳，然后想着"仅供客户审阅"，你也许就不害怕了，写得也顺了。
- 你还可以找到一个 C——可以达成你的真实目的，但害怕程度不一样的另一种做法。你可以不打电话，而是顺道来到她每天都来吃午饭的餐馆，和她面对面地"偶遇"。或者写封信，写个电子邮件，发个电报，乃至搞个烽火台，只要不像打电话那么害怕就是了。

乔治·巴顿将军曾经说，勇气就是面对恐惧时再坚持一分钟。用你的勇气棒让自己平静下来，提醒自己好好利用那一分钟，找到一切可用的资源。让我们来看看顾问可以好好利用那一分钟，从而看起来很有勇气的几个重要情形吧。

讨论不能讨论的问题

多年前，我开始意识到，一段关系中最关键的时刻，就是一方或双方感到有些事是不能谈的，可以是一件事，可以是好几件事，原因也是五花八门。那个时刻来临的时候，双方就非得谈谈这件事不可了。

作为顾问，为了改进关系我能做的最重要的事情之一，就是把那个不能谈的事情找出来，摆在桌面上——不过这事看起来风险很大啊。一旦开始害怕这个风险，我就会提醒自己，我可是见过双方都不谈这个禁忌话题会造成什么样的可怕后果。

比方说，有人要我、比尔和舍曼一起共事。这两个人一起开发一个软件产品，可互相不说话了。这一次，他们应该谈谈的事情是舍曼不想和比尔说话。可舍曼甚至都不愿意提起他不想跟比尔说话这回事，所以我决定绕个圈子，少冒一点险。我去找舍曼，给他看我的勇气棒，让他拿着，感受一下它有多光滑。

"不错啊，"舍曼说，"这是啥玩意？"

"这是我的勇气棒。我有事跟你说，可有点怕你不高兴，所以我就拿着它了。"

"你会怕我？"他问。"我从来没见你怕过啥啊。"

"哦，好多需要说的事情都会让我害怕，不过我的勇气棒提醒我，要是重要的事没说，后果也是很可怕的。"

"比如呢？"

"比如我不告诉你要是你和比尔不讨论一些基本的问题，你的公司会怎么样。比如你搞出了一个糟糕的产品，然后所有人都说舍曼是个差劲的软件架构师。"

你看，我不知道舍曼为什么害怕和比尔说话，但我知道，我这样说会触及舍曼心底最深处的恐惧，从而改变胆小鬼公式。我从未试图让舍曼承认自己害怕和比尔说话。我又哄了哄他，然后挽着他的胳膊来到了比尔的办公室。我在那儿待了一会儿，算是当个裁判，但很快舍曼的恐惧就烟消云散了。后来，比尔告诉我，舍曼主动来找他这件事很有勇气。我可不想纠正他的印象。

不说别人想听的

去找舍曼的时候，我用到了一个事实，就是说别人想听的总是很容易。我们很善于做这件事，因为不管是学校还是家长都教育我们要说别人想听的。苏联心理学家卢里亚有一个绝妙的故事，讲的是他和没有经过此类训练的俄国农民之间的交流。

他试着给他们做一个"智力"测试，比如对着一幅画着两个大人和一个小孩的画，问道："哪一个和其他人不是一类？"农民回答道："他们都是一类。我们需要大人来干活，需要小孩来跑腿，不然大人就得放下工作去跑腿了。"

这个故事让我想起了客户做出的反应，当时我跟他们讲述了不符合其现实模型的问题。我和一个客户说，他得把前端的开发工作放一放，多花点时间来看看他到底要解决什么问题。他一脸迷茫地看着我："很显然你根本不了解软件开发的现实。我对我们的开发过程做了测量，光是调试代码就用掉了 68% 的时间。我们哪儿有时间做你宣扬的那套前端工作呢？"

很显然，他希望我这个专家能肯定他错误的模型。这个模型完全无视了前期的草率与后期漫长的测试之间的关系。同样明显的是，我要是说他爱听的，也就没有完成我作为顾问的职责。在很多咨询工作中，我得唱白脸，说那些一般员工没有胆量告诉老板的话。你可能觉得这需要勇气，但只要平心静气用一次胆小鬼公式就明白了。

"你说得对，"我开始先说他爱听的，"在前端花更多的时间确实很傻，除非我们能证明，这能在你最需要时间的地方，也就是后端测试上省出时间来。要能不影响任何现有的项目，我觉得你肯定会给我个机会证明一下看看吧？"

当然，他不想听到自己错了，但更不想听人说他是那种根本不给人机会的人。于是，我有了个机会来证明，他也有了一套做事的新模式。

尽信书不如无书

要是你害怕做正确的事，一种简单的逃避方式就是循规蹈矩。正如洛夫特斯法则说的：

有些人就会照本宣科，即使他们不知道书是谁写的，甚至不知道是

哪本书。

胆小鬼公式解释了为什么会这样。要是你害怕做 A 甚于害怕照本宣科，那你就会照本宣科。因为人们很少因为照着书本办事受到惩罚，所以如果要改变方法，你去做 A 的动力就必须很大，或者做 A 的恐惧非常小。所以做 A 的"阻力"实际上就是个安全不安全的问题。这也是初创公司看起来比较大胆的原因——他们没有书本可以作为安全的退路。你作为咨询顾问，可以让 A 的危险变得比照本宣科还小，从而让它变成现实。

"照本宣科"的人根本用不着顾问。只有在书本不管用的时候，他们才会找到每天收那么多钱的你。所以你的胆小鬼公式和别人不一样。要是你照本宣科，他们就用不着你了，你的合同也就丢了——似乎你也没有多少事情比这更可怕了。这也就是《咨询的奥秘》书中所说的马文第四大秘密的心理学基础[1]：

不管客户在做什么，告诉他们做点别的。

换句话说，对顾问而言，这挺没胆的，也就是最安全的做法。

面对无法满足的要求

很遗憾的是，没有什么完全安全的策略是普遍适用的。不然，那个策略也就变成顾问的"章程"了，付给我们这么高的费用也就没什么道理了。有时候，客户施加的压力非常大，以至于不照他们说的做的风险把胆小鬼公式拧到了另一个方向上。

---

[1] 《咨询的奥秘》第 48 页。

我认识的一个计算机顾问强尼曾找我帮忙。他建议客户不要购买软件包，可在客户还是坚持买了之后，他又答应提供帮助。现在软件包买好了却不好使，于是客户又怪罪于他。

到了这份上我也帮不了强尼太多了，但他的勇气棒当初本来是可以帮到他的。他有勇气告诉客户他们不想听的——这软件包对他们不好用——但在客户请他帮忙时，他缺乏坚持先前的说法的勇气。当时他只需要说："对不起，我已经说了这个软件包对你不好用。要是现在收回先前说的话，那我还算哪门子顾问呀。不过要是你发现我说得对，到时候还想要我帮忙的话，我很愿意帮你看看别的解决方案。"

但强尼害怕说这些话，怕显得不愿意合作。现在他尝到了前后言行不一的苦果，下次他的胆小鬼公式可能就会有不同的结论了。正如爱默生所说："勇气有很大一部分在于坚守先前做过的事。"也许他还会加上一句："还有发现你真正应该害怕的是什么。"

我们中曾经屈服于办不到或不合理的要求的人，都知道要是你没能坚持自己的信念，那真是永无宁日。懦弱的恶名将很难洗除，更无法从你的自尊里擦去。

自省的勇气

尽管可能真的没有勇气这回事，关于看起来很有勇气的事情也有许多名言。温斯顿·丘吉尔说：

"勇气是人类品质之首，它是所有其他品质的保证。"

按照我对于勇气表象背后的看法，这句话的意思是：

> "对风险和回报做出冷静而正确的评估，并按此行事的能力是
> 人类品质之首，是所有其他品质的保证。"

虽然我的版本听起来不如丘吉尔的朗朗上口，不过这种表述可能更
有用一点。我们大多数人都不觉得自己是丘吉尔式的人物召唤的那种英
雄，但使用勇气棒的能力真的"保证"了所有其他工具。就算你知道该
开哪扇门、关哪扇门，但不敢做的话，你的金钥匙又有什么用呢？要是
你不能遵循智慧盒的指示，拥有满满的智慧又有什么用呢？没用，无所
不知总是比不上有所行动。

第5章

祈愿杖

女人想要什么？

——西格蒙德·弗洛伊德

祈愿杖提醒我要求我想要的东西以及在要求没有满足时接受现实的能力。没有争取想要的东西的能力，我就无力进行有效的谈判。祈愿杖不是魔杖，它不能保证我要什么来什么，而只是让我知道想要什么并且能够去争取。要说有什么魔力的话，那是因为知道并去争取确实能够增加成功的机会。

人们想要什么

就算弗洛伊德比同时代的任何人都了解人们的欲望，他也搞不清楚女人到底想要什么。弗洛伊德到底为啥要关心女人想要什么呢？他又想要什么呢？显然，他想要了解女人。

那我们为啥要关心弗洛伊德想要什么呢？好吧，弗洛伊德也是个顾问，他是个心理学家，而且他和我们一样，谋生也是靠给别人他们想要的，或者他们自称想要的。要做到这一点，顾问就需要知道别人想要什么。

人们想要什么可不是个简单的问题。唐纳德·高斯和我就如何找到答案写了一本挺厚的书①，讲这个问题的书也不止这一本。不过虽然这个问题很难，但对顾问来说，它远远比不上另一个类似的问题："我到底想要什么？"祈愿杖就是来帮你找到这个答案的。

---

① Donald C. Gause and Gerald M. Weinberg. *Exploring Requirements: Quality Before Design* (New York: Dorset House Publishing, 1989).

　　你可能觉得，一旦知道怎么找出别人想要什么，找出自己想要什么就是小菜一碟了，但其实不是这么回事。我们这些顾问都太专注于满足别人的想法了，很容易不记得自己想要什么了。

　　我举个例子吧。梅尔有一家小型咨询公司——五个顾问、两个程序员外加一个管理员，公司的专长是生产流程建模。一家比它大得多的咨询公司找梅尔为他们的一个客户做个建模提案，然后梅尔找我帮他看看他的草稿。他来我的办公室的时候，我让他拿着一根祈愿杖，并简要解释了它的用途。然后我一条一条地过那些关键条款。

　　杰里："这里说你会在两个月内交付第一个模型。想想你为了一个模型要做的那些工作，这看起来有点赶啊。你能让这个条款放宽一点吗？"

　　梅尔："我不知道。"

　　杰里："那他们为什么在两个月之内就要呢？"

　　梅尔："我也不知道。看起来他们挺着急的。"

　　杰里："好吧，既然他们也没说具体时间，你觉得应该需要多久？"

　　梅尔："呃，三个月？"

　　杰里："你是问我呢，还是回答我呢？"

　　梅尔："这，你觉得三个月合理吗？"

　　杰里："我又不是你的客户，我也不是你。你觉得多久才合理？用你的祈愿杖啊！"

　　梅尔："好吧，我觉得要四个月。"

　　杰里："那么，四个月内做一个高质量的模型，你有多大把握？"

　　梅尔："嗯……五成？"

杰里："你又问我呢？"

梅尔："呃，好吧，四成吧。"

杰里："这就是说，你觉得要是花上四个月，有四成的把握做出一个能充分代表你的公司能力的模型，对吧？"

梅尔："是，我觉得是吧。"

杰里："才四成把握，你就满意了吗？记得用祈愿杖！"

梅尔："应该是不满意……可我不想让他们等太久。"

杰里："你是想不按时交呢，还是交个不合格的呢？"

梅尔："都不想吧……（低头看看祈愿杖）对，我不想。"

杰里："那你觉得应该有多大机会呢？九成？九成九？"

梅尔："我是想要百分之百的……（用祈愿杖敲敲手心，又看看别处。）可你知道我做不到。谁都做不到。"

杰里："可你希望能做到的，对吧？"

梅尔："当然了，可我必须得合乎情理啊。"

杰里："'必须'和'想要'是两码事。我们先看看你想要什么，先不去管你是不是觉得合理。知道了你想要什么之后，再来想法儿和大自然或者和你的客户达成妥协。这么说，你是想要百分之百喽？"

梅尔：（举起了祈愿杖）"当然了，每个人都想要。"

杰里："那为什么费了这么大劲才知道你想要这个呢？"

梅尔："呃，好吧，我想要合理。"

杰里："好，那这是你想要的另一件事情——要合情理。我们把它列进你想要的东西里面。祈愿杖可没有什么限制。"

梅尔："可是我怎么能既要百分之百又要合情理呢？"

杰里："哦，我可没说你能同时达到，但都想要是可以的嘛。"

梅尔："可我怎么能要根本达不到的东西呢？"

杰里："因为你可以想要任何东西呀。这就是你为什么有个祈愿杖。"

梅尔："可我要是拿不到又有什么用呢？"

杰里："首先，你不知道是不是拿不到，或者是不是能够接近到没什么区别的程度。其次，你要是不去要求，就几乎肯定拿不到，连门都摸不到。"

梅尔："但他们不会觉得我这人不合情理吗？"

杰里："可能会啊。要是那样的话，你就得听听人家想要什么——也许在你看来也不合理——然后再开始谈判。"

梅尔："可要是他们觉得我不合情理，难道不会影响谈判吗？"

杰里："但你也没有不合情理呀。你只是告诉他们你想要什么。想把工作做到一流很不合理吗？"

梅尔："大概没吧。"

杰里："所以你一开始就告诉他们吧。你可以说：'我想要的进度，要让我能够尽可能为你们做出一流的工作——模型要符合你们的要求，按时交付，没有缺陷，将来要改起来也容易。我觉得这些效果你们都想要。'"

梅尔："哦？我可以这么说啊？"

杰里："我不知道。你知道这些字怎么念吧？"

梅尔："别损我了。当然没问题了。可我以前谈判的时候从来没有这样开始过。他们会怎么想呢？"

杰里："这我可说不上来。我又看不出人家的心思，尤其是我连人都没见过。可你为啥非得事先知道呢？这话说出来完全合情合理啊，要是对方的反应没道理，你也会对对方有点了解咯。这样的信息在谈判中总是非常重要的。你可以用你的金钥匙来看看后面是什么。"

提案中的其他条款也都一一经历了类似的讨论。长话短说，我让梅尔把要价提高了三倍，让他不要把自己公司 25%的股份送给客户。

梅尔有点信服了，但还是对某些东西不太确定，于是我就开口问了。

杰里："你觉得这可以了吗？就拿着这个去谈判了？"

梅尔："还不行吧。"

杰里："那你还想要什么呢？"

梅尔："我觉得我还得更有把握才行。"

杰里："我觉得你似乎吞吞吐吐的。怎么了？"

梅尔："我提供的东西既没增加，要求的也没减少，我怎么能更有把握呢？"

杰里："想要一样东西，你并不需要知道怎能才能拿到。'想要的东西'是第一位的，'如何拿到'是后面的事情。你似乎总喜欢把它倒过来嘛。"

梅尔："好吧好吧，那我想要更有把握一点。你就到此为止了，也不打算告诉我怎么办了，是吗？"

杰里："我怎么知道什么能让你更有把握呢？"

梅尔："你是我的顾问呢。"

杰里："那好吧，我来用五分钟法则吧。"①

梅尔："哦，我想起来了。'客户永远都知道怎么解决自己的问题，并且会在头五分钟里讲出来。'"

杰里："对的。"

梅尔："那，我在头五分钟里面告诉你解决办法了吗？我不记得谈过关于自信的问题。"

杰里："你当然说过了。"

梅尔："我说过吗？我说啥来着？"

杰里："你说：'杰里，我这次可是个很大很大的单子，我不知道弄得好不好。你能帮我看看吗？'"

梅尔："这都是在电话里说的啊，我还没过来呢。"

杰里："你觉得头五分钟是从什么时候开始算的？"

梅尔："噢！"

杰里："明白啦？"

梅尔："我明白我确实是觉得没把握。可解决办法是啥？我不觉得我知道解决办法啊。"

杰里："那你当时要什么来着？"

梅尔："我什么也没要啊？"

杰里："那你今天为什么在这儿啊？"

梅尔："哦哦哦！我要你帮我来着！"

杰里："好啦，那这个就是你要的啦？让我帮你去做这个谈判？"（我指着他放在桌子上的祈愿杖。）

---

① 《咨询的奥秘》第83页。

梅尔："嗯，是啦。不过那就要求得有点过分了。"

杰里："可能吧，可你怎么知道那样就过分了呢？你看透我的心思了？"

梅尔："可那样不过分吗？"

杰里："这取决于你愿意为这个服务付出什么——是不是我想要的。"（我拿起祈愿杖，放在自己的胸口。）

梅尔："哦，我知道了。"

于是我们谈好了，我陪着他去见了客户，帮他敲定了一个协议。大部分时间我只是坐在那儿，他用疑惑的眼神看我的时候，我就报以微笑。不过最后，他拿到了六个月的时间，价格差不多是最初报价的三倍——这还是减去了付给我的费用之后的净额。而且，出让一部分公司的话题压根没提起。

祈愿杖能为你做什么

为了免得你漏掉什么，我还是把梅尔的祈愿杖提醒他的东西列出来吧，它也可以提醒你：

1. 不要猜别人的心思，听听自己的心声；

2. 不要在知道自己的愿望是什么之前，担心它是不是可行；

3. 不要在知道自己的愿望是什么之前，担心它是不是合理；

4. 不要在知道自己的愿望是什么之前，担心它会不会被人接受；

5. 注意你自己在做和不在做的东西，从中找出自己真正想要什么；

6. 留意自己的感觉，由此找出自己想要什么、不想要什么；

7. 不要担心可能得不到自己想要的，真得不到的时候你有的是时间去担心；

8. 不要一上来就退而求其次；

9. 完全不要限制自己想要的东西的数目；

10. 记住，你可以与所有相关方面坦诚谈判。你用不着替别人谈判，
    他们自己也有祈愿杖。

合同谈判的悲惨定理

祈愿杖如此重要的一个原因，是顾问在和专业人士（代理和各种中介）谈判的时候往往就像是业余的。我是从我的朋友布莱德那里学到这种谈判的。他是洛杉矶的一名警察，当时和我说起他经常卖交通罚单。

"但你不是这样想的吧，"布莱德笑道，"我晚上工作，白天上学。我要是非得出庭的话就会误了课。'卖罚单'就是让司机相信自己真的超速了，这样他们就不会上庭了。"

"我倒是从来没想过警察的工作还有这么一面，"我说，"你肯定是个好的推销员。"

"这说起来也不难，"布莱德解释道，"你看，我每个礼拜都开十几张罚单，可大多数超速的人一年才被抓一次。我练手的机会比他们多多了。"

超速者和警察之间的谈判从来都不是对等的，因为超速的人是业余谈判者，警察可是专业的。你什么时候攒够了超速的经验，跻身专业人士行列，你也就该进去了。

顾问和中介之间的谈判也从来都不是对等的，因为顾问是业余谈判者，而中介，顾名思义，是专业的。你什么时候攒够了签合同的经验，成为专业人士，你也就破产啦。

可惜，每个新合同你都得去谈。有一位代理老板是这么说的：

> "合同工和代理之间总会有各种问题和争议。关键之处，或者说我们能期待的最好的结果，就是对对方的了解增进那么一点点，然后下一次再谈它个昏天黑地。"[①]

我不同意。确实，问题和争议总会有，但最好的做法是对自己的了解增进一点点，再说，

和中介谈个昏天黑地不大可能改善你的处境，因为人家是专业的，你是业余的。

这就是中介的悲惨定理。

不过事情还可能变得更糟。为了提升自己业余的谈判能力，你雇了一个代理作为你和潜在客户之间的中介。但你的代理越强，谈判的筹码对你越不利。这就是为什么"中介的十足悲惨定理"说：

你越是找好的谈判者作为你的中介来改善合同，情况就会越糟。

中介是靠收高价付低价吃饭的。你的代理会为你的咨询才华从客户那里要到最高的价格，但同时也会努力让你为同样的才华接受最低的价格。

---

① Joseph B. Darby III, "Law and Tax: It's Time to Take Non-Compete Agreements Seriously", *Contract Professional* (July - August 1998), p.45.

"哦，"你反对说，"可我的代理主要是为我工作的，我要是要到高价，他们就能分到更多。"好吧，钱能买到一条好狗，可买不到它为你摇尾巴。你相信你的代理主要为你工作恰恰证明了代理作为谈判者的能力，但这可不保证他们会对你摇尾巴哟。好的代理可能真诚地想成为你的盟友，但他们还是要面对十足悲惨定理的强大能量。

就算代理想更多地考虑你的利益，他们还得和客户谈判。而客户呢，也比你有更多的谈判经验。所以，就算你把中介砍掉，谈判技巧的天平也未必能够克服悲惨定理的重量而向你倾斜。不过虽然用中介的前景十足悲惨，但中介代表你可能还是比你代表自己更好。

说起来有点矛盾，逃出这个圈套的一种办法，就是再雇一位谈判者来和你的代理谈判，而这个人唯一的目的应该是为你而不是你的中介拿到最好的合同。比方说，雇一个律师，律师费取决于合同的质量。这样的律师也是有经验的谈判者，但他不是中介，这样双方就比较平衡了。（你想我都建议你找律师帮忙了，这些定理得有多强大！）

快乐定理

当然，定理的力量总是有限的，但你作为谈判者的能力可是无限的。确实，如果你觉得自己已经强大到足以亲自和中介谈判，那你就算"吃进罚单"了。正如老话说："亲自谈判的承包商在客户眼里都是傻子。"确实，你的代理也会说这句话——只要你不是和他们谈判。还有，要是代理称赞你的谈判技巧，别沾沾自喜了，马上换一个代理！

这两条定理的终极界限并不在于你的代理的良心，而是在于你对这个交易的不满程度。比如，你可能觉得代理从你的时薪中抽走 50% 太过分了。其他顾问可能觉得自己被抽走的部分对于获得的服务来说还算物有所值。但要是你对此不满的话，你早晚会退出这份合同（或不续约了）。这样代理就只能拿到零的 50% 了。我把这叫作快乐定理：

不管代理抽走多少，你要是不高兴，他们就没饭吃了。

不道德的代理会反快乐定理而行之，谎报或瞒报他们真正抽走的份额。一旦你发现真相，这套把戏就完蛋了。就算你本来觉得他们拿得也还合理，这种欺骗会让你相信他们在占你的便宜。

欺骗对于中介来说可不是什么好主意，不过这并不能阻止某些人以为你永远发现不了，或者试图让你相信他们不告诉你是"为了你好"。拥有自己的谈判专家可以保证你发现这一点，并且那个代理会为误导你而付出代价。

如果你不知道客户和中介之间的合同是什么样的，绝对不要签订协议！要是你对中介的诚实程度有一丝一毫的怀疑，绝对不要签订协议！正因为如此，你最好的谈判策略之一，就是在谈判开始之前和其他曾经与这家中介合作过的人聊聊。

也许我说的这些你都同意，但你真得去找个律师吗？

你也可以用其他人，而且也不是所有律师都善于谈判。职业调解人可能是个好的选择，或者是一些靠合同谈判吃饭的信得过的朋友。

合同应该签多长

下面是在我的顾问朋友圈里流传甚广的一个谈判故事。

一位计算机合同顾问在一场不幸的事故中丧生，来到了天堂门口。守门人圣彼得说："既然你是顾问，我们可让你居地狱一日，再居天堂一日，而后签下永恒的协议。"

第一天在地狱，她发现自己身处一片葱茏的高尔夫球场的推杆区，而高尔夫是她最爱的消遣运动。所有的老朋友都在那儿，张开双臂欢迎她。她打了有生以来最好的一场球——低于标准杆九杆，晚上则在乡村俱乐部享受了绝佳的牛排和龙虾晚餐。她见到了魔鬼——他潇洒迷人，两人拥舞直至深夜。

翌日在天堂，她信步云间，拨弄竖琴，纵情歌唱。长日将尽，圣彼得说："至此你要做出永恒的选择，签下协议了。"

"嗯，"她说，"天堂固然令人神往，可地狱时光更为美好。"于是她签下协议，一路向下。

极目四望，处处污水四溢，泥泞恶臭。她的朋友们用嘴叼起污物，吐到脖子上悬挂的沉重口袋里。"我不明白，"她叫道，"昨天这里还是高尔夫球场、乡村俱乐部，我们吃了龙虾，跳了舞，共度美好时光。可今天这儿只有无穷无尽卑贱肮脏的工作。"

"当然了，"魔鬼狞笑道，"昨天我们是诱你签约，今天你可是签好了。"

被地狱里的长期合同拴住可不怎么好玩，不过你的代理可能觉得还不错哦。代理一般都希望合同尽可能长，这样就可以绕开快乐定理了。你的想法可能会不一样，特别是发现了工作的真面目的时候。

代理是怎么让长期合同显得合理的呢？大多数代理都是按照提供的服务收费的，这挺公平没错，但是这些服务里最昂贵的部分往往都是在签合同之前做的。一旦你签了合同，代理会负责报税，也许还包括医保，但大体来说，固定的抽成肯定会超过这些开支。剩下的部分嘛，他们会说，就是用来摊销一开始给你找到这个咨询差事的花费。

要是你一直在一个合同上，代理就能挣到多得多的钱，因为不会再有开始时的那些开销了。不过要是你和我一样能摸摸祈愿杖，就会更看重多样化。你想要获得新经验，见到新面孔，学习新技能，好给自己涨身价。可是你每改一次合同，你的代理就得付出一次成本。从代理的财务角度来看，他们宁可你舒舒服服地像把持肥差的员工，永永远远创造一个固定的百分数。要是你想要多元化，那就应该签一个随着合同延长代理抽成逐渐降低的合同，最终降到一个对应记账服务的合适水平。

另一方面，如果你的祈愿杖偏爱长期安稳胜过多样化，你签的合同就应该让客户有动力把你聘为内部顾问，而且短期合同结束之后要有这样的机会。这个合同的长度只要够你向客户证明自己是理想的员工就可以了。

就算觉得自己做员工屈才了，你也应该让合同比较短，这样在客户更了解你并且你更了解自己想要什么之后，就可以重新谈判来提价。你的祈愿杖有时候也需要一些数据才能发挥效力。

不论合同长短，成功谈判的关键在于知道自己想要从中得到什么。对于某些合同工来说，这就是终极悲惨定理：

你要是不知道自己想要什么，那就不太可能得到它。

归根结底，你真正需要掌握的一种谈判，就是运用自己的祈愿杖和自己的内心谈判。而且，因为没人能把自己的欲望了解得那么透彻，所以你得抵制诱惑，不要签订任何期限太长的约束性合同。

如果你是和一家新公司签约，要知道自己想要什么就格外艰难。比方说，我的朋友卡拉是一位数据库顾问，同时接受马拉松训练。她高兴地发现新公司有重量训练室和更衣室，可签了合同之后才发现自己不能用这些仅限雇员使用的设施。幸好，她签的只是一个短期项目合同，让她得以证明自己作为合同工的价值。在签下一个合同时，她坚持加上了一个让她使用健身房的条款。

多年来，我看到很多外部顾问比雇员低一等——拿不到公司发的赛事门票，不能参加仅限雇员的野餐，被赶到很远的地方停车，也不能享受弹性工作制和较好的岗位。

在签订合同并开始工作之前，很少有顾问能意识到这些限制。合同期短的顾问可以在续约时改善自己的处境，最坏的情况下，也不用忍耐二等公民待遇太久。

不用害怕谈判新合同。运用祈愿杖，你每次都会更了解自己。如果你干得不错，就会随着每次签约越来越发达——薪水更高，岗位更好，福利更多。就算你真看走了眼，也不用在地狱里永受煎熬。

第 **6** 章

侦探帽与放大镜

包容一种观点但不一定接受它，这是有教养的标志。

——亚里士多德

侦探帽（萨提尔原有的标志）配上放大镜（我个人的补充）代表了我审视数据（放大镜）并就这些数据进行思辨（侦探帽）的能力。没有这些探查能力，我就成了只会兜售一份份现成方案的答案查询机，而不是能满足客户真正需要的问题解决者。

奇怪的是，侦探帽和放大镜的角色最难以解释，因为所有顾问都很熟悉思考和收集数据的过程。不过这些工具要解决的问题既不是思考，也不是数据收集，而是要记得去做这些我们烂熟于心的事情。也许讲几个故事能把这个功能说得更清楚一点。

放大镜的例子：1969 年的暴风雪

1969 年，暴风雪。雪堆已经攀上了窗台。景色固然壮美，可我们和六位客人整个圣诞节都要困在屋里了。不过既然宾·克劳斯贝①能渡过难关，我们决定也要尽力而为。出门的车道被封住了，不过在房子下面的车库里有一捆木柴，冰柜里有一扇上好的牛肉，地下室里还有一柜子好酒。我们没觉得这是灾难，而是尽情享受节日聚会，可这时候水泵坏了。

实际上它也没全坏，更准确地说是坏了一半。不知道是什么原因，水泵转啊转啊，可抽上来的只有涓涓细流。我们还可以化雪水来喝，所以活命倒不是问题。哦，可能还是有问题的——没

---

① 曾主演两部著名的歌舞喜剧《假日旅馆》和《白色圣诞》。片中都有他和朋友们被困在酒店中的情节。——译者注

水冲马桶的话，在这个只有一个洗手间的房子里，八个人可是够受的。

幸运的是，我们的六位客人里有三个电气工程师：两个博士，另一个是机械工程和电气工程双硕士。一位博士艰难地下到地窖里去"瞧一眼"，我们剩下的几个人就安心地松了口气。

在一趟趟上楼下楼、一项项检查、一次次讨论、一套套理论之后，水泵一直转啊转啊转啊，水还是只有一点点。工程师们似乎江郎才尽了——看起来就是这样。

这时，一位不是工程师的客人发话了。这位金发女陶艺师提议说："可能是保险丝的问题。"在不到一微秒的时间里，她的想法就遭到了你能想到的最尖酸刻薄的奚落。不过她却不为所动，坚持说："为什么不可能是保险丝的问题？"

然后就有了三套完整的解释，理论层次虽有不同，不过最后都归结为一件事：根本不可能是保险丝嘛，因为泵还在转呢，虽然只是部分在转。

"那可能是半个保险丝嘛。"她说。工程师们开始居高临下地和她解释保险丝没有半个一说："保险丝要么是好的，要么是坏的，没有中间态啊。"

"我家就有一半正常工作的保险丝。"陶艺师维护着自己的说法。话说到这一步，工程师们就转去讨论别的事情了。这样的说法根本不值得一驳。

几分钟之后，陶艺师不见了。我有点担心工程师敷衍的态度会让她不高兴，于是去找她，以尽主人之谊。后来我发现根本用不着操这个心。

她从地下室回来的时候正好碰上我。她不发一言，走到厨房水槽边拧开了水龙头。看着涌出的水，她带着胜利的笑容宣布："我早就告诉他们是半个保险丝的问题。"

确实，还真是半个保险丝。更具体来说，把120伏转成水泵用的240伏所需的两根保险丝中的一根。一根保险丝烧断了以后，可怜的水泵就只能以额定电压的一半徒劳地在那儿抽水。泵是在转，可就是没什么作用。

后来我们发现，陶艺师家里也有一套类似的装置，那是她的240伏电烘箱。这就看出数据和对数据的经验比理论价值高了。放大镜的价值就在于提醒你看看数据，而深陷在理论中的工程师们却没去做。他们下到地窖里，只是草草地瞄了一眼，确认一下理论告诉他们应该看到和不应该看到的东西。你要是不去看看实际怎么回事，推理也就只能泵出那一点点水了。

避免数据偏向

尤吉·贝拉[①]说过："只靠观察就能发现很多东西了。"单单是提醒我去观察这一点，就足以让放大镜成为一件有价值的工具了。但它也提醒我，不能观察得漫不经心，也不能让偏见影响我的观察。曾经有几次，有人试图扭曲我获得的数据，比如使用催眠语言，或是发誓"你可以相信我"。如果这种扭曲是故意的，那存在扭曲这件事本身可能就是我得到

[①] 前美国职棒大联盟捕手、外野手、总教练，1972年入选棒球名人堂。另以警句妙语著称。——译者注

的最重要的数据。但偏向并不都是有意的，有意的偏向也不都是恶意的。

放大镜的另外一个用途是提醒我，不要一不小心搞出一个根本拿不到我需要的数据的局面。下面是几个其他常见的偏向，大多数是由你（观察者）造成的，所以必须靠你自己的放大镜来提醒你。

铁路悖论

我已经在其他地方写过铁路悖论①了，不过由于这个阻碍拿到数据的例子太经典，再谈一谈也无妨。铁路悖论这个名字来自一个故事，说是有人要求在某个站点增设停靠，却被铁路局拒绝了，理由是他们对这个站做了研究，发现当时没有人在这个站等车——当然了，既然不停车还等个什么劲呢。

铁路悖论的过程是这样的：

1. 服务不能令人满意；
2. 由于 1，顾客不去使用现有服务或是使用不充分；
3. 同样由于 1，顾客要求更好的服务；
4. 由于 2，组织拒绝了改进服务的要求。

总体来看，这个悖论可以简化成：

因为服务太差，所以改进服务的要求被拒绝了。

侦探帽可以提醒我们注意这种数据的悖论效应，从而采取预防措施。

---

① Gerald M. Weinberg, *Rethinking Systems Analysis & Design*, (New York: Dorset House Publishing, 1988), pp. 56-59.

铁路逆悖论

我的一位笔友提姆·欧福林曾经写过铁路逆悖论：

如果服务太好，服务商可能根本不会听人说起它，于是把服务停掉了。

这个逆悖论应该引起顾问的特别注意——我是说好的顾问。我可是有亲身的血泪教训啊——担心客户不吭声的意思是不喜欢我做的工作，结果就没再跟进我最好的几个客户。

幸运的是，我们的侦探帽提醒我们可以主动应对这个逆悖论。我们可以定期向客户征求反馈，也可以用更为婉转的了解方式。

家庭主妇假设

铁路悖论的另一种形式是一位匿名笔友发给我的。她打电话给电话公司，说自己的电话里总是嗡嗡响，问是不是可以预约一下，保证服务人员来的时候她在家。

"不不不，"客服代表说，"必须是你不在家时才能预约。我们会先到你家，如果你不在家，就留个卡片给你，然后你就可以打电话预约了。"

这个白痴政策的源头就是我所谓的"家庭主妇假设"。服务业的很多政策，都是假设女性一天到晚就是在家待着等人送货上门。可能在19世纪还是这么回事，那时候女性被看作丈夫的财产。这年头到处都是双职工或者单亲家庭，随便找个时间都有人在家的概率基本上是零。这种选择偏见对于顾问来说很重要，因为你要是随机地给客户打电话，家庭主妇假设也同样会起效。所以：

不要假设你的客户除了等你电话之外就没别的事可做了。

还有，我们的侦探帽会提醒我们，不要让自己和客户难以提供你需要的信息。比如，发封电子邮件，你就可以来回传递少量的信息而不需要即时的连接。或者如果你必须打电话，还是可以发封邮件来保证你们俩都守在电话旁边。我想你也可以用手机或者寻呼机什么的，不过我发现，搞得别人措手不及也会成为获取信息的另一障碍。

观察中的选择偏向

还有一些情况下，你可能记得去要数据或者去套数据，但是会不自觉地把某些数据选进来，把某些筛出去。社会学家厄文·高夫曼写到了选择偏差是怎样影响对精神病人的诊断的：

> 如今的心理学说把精神异常定义为可能源于患者早年、在其整个生命过程中显现，并渗透到当前行为的方方面面的东西。这样说来，他的过去和现在就无不落在心理评估的范畴和职责之内……病历记录则是这一职责的重要表述。然而，患者在表现出体面而有效地应对困难局面的能力时，显然并没有经常被记录在案。[①]

很不幸的是，英语这种语言就鼓励这种选择偏向——只要你撒一次谎，就成了骗子；出一次轨，就成了奸夫淫妇……但你要是一整天或者

---

① Erving Goffman, *Asylums* (Garden City, N. Y.: Doubleday & Co., 1961), p. 155.

一整月或者一整年都没说一次谎呢？我们喜欢周围的人都按照我们的预计行事，所以不符合我们对于正常行为的预期的事情都会引起我们的注意，而正常的行为则被忽视了。这对我们来说简直是根深蒂固，就如我会在第 11 章讲到的适应，但选择偏向还不止这一种。

当我们观察组织中的人的时候，也会有这个问题。我的放大镜会提醒我要注意那些应对困难局面的正常行为。顺便说一下，我的"心"会提醒我去赞赏这种行为，而且要说出来，这个话题我们会在第 8 章中讨论。

三角偏向

我在写这一章的时候，接到一个顾问的电话，他想让我帮他看看怎么给一个潜在的客户展示提案。他主要担心掌握提案生杀大权的老板艾达不喜欢他要把问题的方方面面考虑个遍才会答应的做事方式。我们讨论了应对这种局面的各种各样的策略，我正想要挂电话时，目光落在了桌子上用来看蝇头小字的一个真的放大镜上。

"等一下，"我说，"你是怎么知道艾达不会喜欢你考虑周全的做事方式的？"

"莱昂警告过我的。"

"谁是莱昂？"

"她的行政助理。"

"所以你花了大半天，又是计划又是担心，全是因为她行政助理的一句话？"

"好吧，是的。谁能比莱昂更了解她呢？"

"那要是他说得不对呢？要是她只是不喜欢在交代工作的时候，莱昂花很多时间去琢磨所有可能的意思呢？要是她对顾问不是这么个标准呢？没准儿她的标准完全反过来了呢？"

"这我倒从来没想过。"彼得不好意思地说。

"可你告诉我，你的长处之一就是能够考虑到所有的可能性啊。"

"是啊，当然了。所以莱昂跟我说的时候我才那么担心嘛。"

"担心到莱昂这个第三者的一句话就让你歇菜了？"

"让我歇菜了？怎么这么说？"

"你看，你一点都没有考虑到莱昂说得可能不对。你一点都没想过怎么核实一下。你准备和艾达谈，然后假装自己不是你本人真实的样子。我可以说莱昂已经彻底打碎了你的陀螺仪，你已经完全失去平衡了。"[1]

"哦！"

我们又在电话上谈了一会儿，考虑了其他几种可能性。最后，彼得有了一个大胆的想法，他可以干掉这个三角——也就是第三方信息——只要和艾达谈的时候先问她喜欢怎么谈合同就行了。后来，他和我说艾达很喜欢他讨论所有可能性的周到做法，而且他得到了那份工作。

要处理自己对于他人的选择偏向已经够挠头了，再扯进来一个第三方，想要把局面看清楚几乎是不可能的。所以，让你的放大镜来告诉你

---

[1] 有关"陀螺仪"的内容参见第 12 章。

"斜边假说"吧：

要是你和数据之间隔着一个三角形，挑斜边走吧。

要找到你想准确了解的信息，直线总是最短的。所以如果手上有第三方信息，还是和对方直接核实一下。

锤子定律

在《咨询的奥秘》一书中，我讲过"锤子定律"[1]：

圣诞节收到一把锤子的孩子会发现所有东西都需要敲打。

我记得这个定律最早是亚伯拉罕·卡普兰说的[2]：

"我不怎么惊讶地发现，科学家构造的问题，解决起来都只需要他自己特别擅长的那些技巧。"[3]

卡普兰把它叫作"工具定律"，他特别关注行为科学家进行观察时用的方法。很显然，他的警告也适用于我们称为"顾问"的那些应用行为科学家。

如果做调查是你的强项，你的数据就会偏向于那些能通过调查发现的东西。如果你喜欢观察参与者，那就可能太过侧重于直接的人员观察。如果你仅靠搜索文献，就有可能落进维纳图书馆定律的陷阱：

---

[1] 《咨询的奥秘》第 63 页。
[2] 亚伯拉罕·卡普兰（1918－1993），美国哲学家，以系统地讨论行为科学闻名。

——译者注

[3] Abraham Kaplan, *The Conduct of Inquiry: Methodology for Behavioral Science*, (San Francisco: Chandler Publishing, 1964), p. 28.

没有答案，全是交叉引用。

你的放大镜得担起责任去提醒你拓展数据收集的手段，才能避免被锤子定律敲到。

幻想偏向

和所有其他工具一样，放大镜也有过度疲劳的时候。有时候数据不好找，我就开始想象自己知道一些实际上没有观察到的事情。如果你很难找到需要的数据，最后一招，记住勒吉恩定律[1]：

做事没效果，就去收集信息吧。

收集信息也没效果，那就去睡觉吧。

危机偏向

和勒吉恩定律相反，没有经验的顾问常用的一招是：

遇到危险或拿不准，就开始大喊大叫团团转。

拿到坏的数据还不如去睡觉，更糟糕的是自己捏造数据。要是你或者你的客户不遵守勒吉恩定律，你的数据就可能受到危机偏向的污染。

比如说，客户可能只在出现危机时才会找你，或者你研究的报告只有在危机的时候才会出来，有些组织只在有危机的时候才开会。所以如果你作为顾问，到会上去观察和收集数据，就很可能对这个组织的情况产生偏见。

---

[1] Ursula K. Le Guin, *The Left Hand of Darkness*, (New York: Harper & Row, 1980), p. 42.

建立你的侦探网络

要避免数据偏向，一个极好的办法就是拓展你的信息渠道。放大镜可能都差不多，但不同的人能看到不同的东西。侦探帽会有很多形状和尺寸，因为脑袋有很多形状和尺寸。大多数时候，你都得在现场实时运用你的推理能力，然而你脑袋的尺寸和大小可能并不适合手头的问题。正因为这样，建立一个侦探网络是很有好处的。

毋庸置疑，要是你根本掌握不好某一技术，用它就完全没有意义。你得从你知道的东西入手解决问题，可你永远也不可能什么都知道。但要是有一个问题解决者网络听候差遣，那你就知道解决问题的手段了，也就是在你的网络里找到知道如何解决这个问题的人。

我发现自己遇到回答不了的问题时，就想象我的侦探帽实际上是个侦探耳机，把我和我庞大的咨询同事网络连接起来。有时候我只要想象我正在和这方面的专家交谈，然后突然就想到一个明智的答案了。不过大多数情况下，我还是不能指望顾问之间这种神奇的心电感应，所以我会花一些时间，通过电话、邮件或论坛来联系我的侦探队伍。

我差不多用每天一小时来培育这个网络，然后通过为其他顾问提供服务来做出我的贡献。这太值得投入时间去做了。我还真想不起来遇到过整个团队都卡壳的局面。我的网络里最重要的一部分就是 SHAPE 论坛，意思是"软件是高效执行的人类活动"（Software as a Human Activity Practiced Effectively）。每天，我们的用户（Shapers）——全世界最顶尖的一些软件顾问——都会在论坛上贴出问题和答案与其他人分享。

下面这个例子基本上就是从论坛上拿下来的，可以说明侦探网络能够做什么，同时也看看一顶侦探帽或是一堆侦探帽能够做什么。[①]

侦探帽的例子：从糟糕的面试中汲取营养

顾问们都不停地在换项目，所以会有很多面试。论坛上有一个话题是琳恩发起的，她抱怨道：

"客户面试时，给我提的那些荒唐或者不得当的问题总是能出乎我的意料。有时候屏住不笑出来真的很难啊。有什么招儿没？"

网友们讲了很多例子，都是他们的亲身经历。有些例子我想在这里介绍一下，也许其他顾问也能吸取经验，特别是关于侦探帽的使用。

侦探第一法则

一个面试官是这么和琳恩说的：

"心理学家有一个模型，可以回答所有符合模型的问题。有了这个基础模型之后，他就发现，婚姻的问题在于妻子太懒。"

---

① *Roundtable* 丛书节选了 SHAPE 论坛的讨论。见 *Roundtable on Project Management* (New York: Dorset House Publishing, 2001) 和 *Roundtable on Technical Leadership* (New York: Dorset House Publishing, 2002)。

　　琳恩也身为人妻，并不喜欢这个类比。面试官的问题之一当然是性别偏见，这可能在整个公司都存在。这个问题本可能会干扰琳恩，不过她运用她的侦探帽，还发现了一个更大的问题，即他根本不考虑面试者的感受。这就是侦探第一法则：

找问题的时候，别陷在你找到的第一个问题里。

侦探第二法则

　　不过说实话，要说完全不体谅，这位面试官还排不上号。极品还得数我的学生丽娃碰到的面试官。她当时正要接一个咨询项目，该部门的经理面试她。在面试中，这位经理说："我希望你知道随时都可以进来找我，谈什么都行。就像一个年轻姑娘可以私下里和父亲谈话，在父亲那儿练习求欢技巧，并且知道这绝对安全，因为他是父亲嘛。"

　　丽娃是怎么应对的呢？很显然，和她讲完这个故事以后班上所有人的反应一样——瞠目结舌地坐在那儿五分钟，一句话也说不出来。然后她就走了。这位经理也许是风流轻薄，也许是不知轻重，但不管怎么着，你都不想给他做事。

　　有性别偏见已经够糟糕了，不过也许你正好是"安全"的性别。性暗示就更恶劣了，不过也许面试官对你不感兴趣。然而不注重他人感受最终会影响工作环境中的每一个人，所以即便你不是为人妻女，也最好敬而远之。这就是侦探第二法则的一个例子：

既被枪打死又被捅死，和只被枪打死一样，都是死。

　　这里的"死"当然指的是放弃项目。换句话说，你不需要攒下一大堆理由才能说服自己不接一个项目。一个致命的理由足够让你离开，用不着再解释了。

金黄法则

干咨询干得久了，肯定经历过很多糟糕的面试。利用你的侦探帽，你可以经常使用黄金法则的一种变形，然后从这些面试中汲取营养：

他们对别人做的事情最终也会落在你身上。

我把这个叫作"金黄法则"。有几个例子是这样的：

> **候选人：**"公司合并之后，其他地方的那些顾问怎么样了呢？"
> **CIO：**"我们会把想要的人迁过来。这是件好事，我们可以重新确立我们的文化。"

候选人从这儿就知道了，万一自己成了累赘以后会有怎样的待遇。面试还在继续：

> **候选人：**"既然这么说，那您想要什么样的文化呢？"
> **CIO：**"真是个好问题。我还没仔细想过。"

利用他的侦探帽，候选人推断出他们不会单单因为雇了自己就开始考虑文化的。

下面是金黄法则的另一个例子：

> **面试官：**"我想让你为我们工作。我听他们说起过你（大拇指向后指着自己的员工）……对了，他们中有一个叫乔治的，不怎么出活，不过我还不能把他开了。"

　　这位候选人戴上侦探帽，心想自己不想被称为"他们"，也不想让同事或未来的同事讨论自己的业绩不足。如果这些人会说别人坏话，你就该琢磨琢磨他们会怎么说你了。

侦探第三法则

　　使用侦探帽并不意味着一定得使用金钥匙，通过问问题来收集信息。有时候，只要应用侦探第三法则就可以知道你需要了解的一切了：

　　从对方问你的问题中获得你需要的信息。

　　下面是一个挺逗的例子。一个软件顾问正在面试一家硬件公司的一个职位，公司的经理对软件一无所知。他们问的问题类似于：

- ❑ 你懂点软件是吧？
- ❑ 你写电脑程序吗？
- ❑ 你会打字吗？能打多快？
- ❑ 写个电脑程序需要多久？
- ❑ 数据库是什么？
- ❑ 我们应该用什么编程语言来做所有的事情？
- ❑ 要是想把开发成本砍掉一半，哪一件事是我们应该让大家做的？

　　我自己对于最后一个问题的回答是："把问出这种问题的经理开了。"

　　于是这个顾问心想，这种白痴问题都是怎么冒出来的呢？这些面试官是白痴吗？利用自己的侦探帽，他试着想象，假如他去面试一个脑外科医生，能问出什么问题：

- ❑ 你了解脑子是吧？

□ 你做大脑手术吗？

□ 你会用手术刀来切吗？切得多快？

□ 一个脑外科手术要做多久？

□ 神经系统是什么？

□ 哪种手术工具可以用在所有手术上？

□ 要是我们想把手术费用减半，哪一件事是我们应该让大家做的？

想想这些问题，他觉得随便哪个医生肯定都能发现他对手术一窍不通，就更别提脑外科手术了。他觉得医生下一步就会问他："你和我面试的这个职位有什么关系？"要是真有关系，没有哪个像样的外科医生会接这份工作的。

不管你是什么顾问，有区别吗？缺乏知识并不是问题，不知道自己缺乏知识才是问题。我可以为一个对我的专业一无所知的人工作，只要他们知道自己不懂。无知可以治，愚蠢才致命。

侦探第四法则

有时候，如果你的侦探帽在全速运转，面试官说的话就会告诉你，他们其实并不是真想招人。侦探第四法则说的是：

如果你想不通怎么会冒出这些问题，也许它们是源于不想让你知道的某种安排。

在我们的 SHAPE 论坛上，雪伦·玛什·罗伯茨指出了两种常见的隐藏安排的面试。第一种叫"职业礼仪面试"，之所以安排它是因为：

□ 面试官欠别人一个人情；

□ 面试者有一些（希望有价值的）关系；

□ 大家都有空。

雪伦还指出了相反的一种"比较采购面试"：

□ 面试官心中已有人选；

□ 人事部门还没有批准决定；

□ 公司要求某种"尽职调查"记录。

很多最差劲的面试都是这两种，（既然你根本得不到工作）最好的做法就是尽快抽身以节约时间。一位年轻的顾问去参加了一个面试，相信对方会考虑让自己担任某个职位。面试一开始就不好，并且很快变得不可收拾，以至于她问出了那个决定性的问题："我有什么办法可以告诉你我能胜任这个工作吗？"

面试官的回答直截了当到了这种程度："没有，因为我面试的都是不合格的人。"

她礼貌地离开了。她也没什么好说的了，再说干吗要浪费更多时间呢？有时候，你的侦探帽能做的也就是告诉你什么时候该走了。

戴帽子的抚慰效应

对于戴着侦探帽的顾问来说，面试官透露这类信息的机会还有许多。不管面试官如何不称职，你作为面试者几乎总是可以得到足以做出决定的信息。

但每次遇到这种情形，参加面试的顾问的第一反应就是非常愤怒，这下就没法分析刚刚获得的信息有多重要了。最后，每个人都平静下来，开始思考这个信息有什么意义。这正是侦探帽的职责：提醒你不要冲昏头脑连帽子一起冲走，别因此白白浪费了那么多感情。

侦探第五法则

夏洛克·福尔摩斯有一个不那么出名的哥哥迈克罗夫特。迈克罗夫特是一个座席侦探，就坐在自己的俱乐部里，从不出门。因为迈克罗夫特比夏洛克聪明，他纯粹靠推理，结果反倒不如夏洛克。你的侦探帽只是工具箱中的一种工具而已。和任何其他工具一样，如果你不用别的，它也可能被用过了头。

在《咨询的奥秘》中我讲过舍比的前三条咨询定律。鲍勃·瓦赫特尔认识舍比，他告诉我舍比还有第四条定律。我当初忘记了，也许是因为舍比第四定律讲的就是过度使用思考力：

如果你用到了四年级以上的算术，那很可能你做错了！

就算你做得对，你还得让客户相信它是对的，而这最多只能用到四年级的算术。毕竟，就算有世界上一批最好的数学家审稿，发表的数学论文还是每三篇就有一篇有错。

大部分咨询问题用到的知识并不深。就像新墨西哥有个说法："在一群绵羊里找出一只山羊用不着什么天才。"或者，就像丹妮的驯狗师同事说的："鼻子比脑子灵。找只狗问问就知道了。"

特德·威廉姆斯曾经说过：

要是你不是特别善于思考，就别想太多了。

特德是最伟大的棒球击球手之一。他的规则很可能让自己免于想得比投手还多——击球手总也想不过投手的。投手的任务就是让击球手无所适从，让他忙于思考而不是专注于击球。咨询也是这么回事——在某种程度上，你的客户不想让你解决问题，因为他们宁可留着那个自己知道的问题，也不要在你把最大的问题解决了之后，面对一个新的最大问题。①

所以，要是你觉得很困惑，就先别想太多。先看看能不能用侦探第五法则：

混乱对既定的秩序有利，利用混乱找到罪魁祸首吧。

混乱的税法对富人有利，因为只有富人请得起税务专家。混乱的公司章程对公司负责人有利，因为谁要改变既定的秩序，就要冒打破自己不明白的规则的风险。作为戴着侦探帽的顾问，你也许可以通过应用侦探第五法则，拨开重重迷雾找到元凶——可能正是雇你来的那个高管呢。

---

① 这个说法是鲁迪黄萝卜定律的变形："一旦你干掉了头号问题，二号问题就升级了。"参见《咨询的奥秘》第 20 页。

第 **7** 章

是非符

他们要是女人的话，全会怀孕。他们不会说不。

——科罗拉多州女众议员帕特·施罗德

就同事挪用公款一事发表评论

　　是非符代表我说"是"和说"不"（"谢谢"）的能力，以及说话算话的能力。如果说"是"不算是，说"不"也不算不，那么我就会迎合客户的偏见，我的建议也就一钱不值了。是非符代表了我做选择的能力，也包括我选择现在不做选择的能力。

　　你可能疑心我为什么需要一个这样的提醒。是——YES，不——NO，有那么难发音吗？或者我要是用英语讲不出来，换一种语言不就行了吗，比如法语OUI-NON、德语JA-NEIN、俄语ДА-HET？

　　对我来说，清楚地说"是"或"不"的难处主要有两点：

　　a. 我可能想假装自己并不是在做选择，所以不想说"是"，不然就要负上做选择的责任了；

　　b. 我可能不想伤害他人的感情，所以不想说"不"。

我先来讲个关于 b 的故事吧。

地狱之章

　　人无完人。有时候你得经历点事情才能进步。不管怎么说，这是我为在大学里当了几年教授找的借口。还有，要是有人有不同说法，不要信——在大学里还是有很多东西可学的。

　　四月底的一天，春暖花开，我羡慕地凝望着办公室窗外那些激情洋溢、不负春光的学生。突然，一个个头不高却充满活力、留着浓密黑色小胡子的人闪进了我的办公室，自我介绍说是商学院的迈伦教授。我从白日梦中惊醒过来，和他握手。我听他说到要我给他正在编的一本书写一章什么的。

啊，我一想，其实这根本不用过脑子。我太了解那些合编的书了，还其中一章呢，我无论如何都不会去写的，更何况我对他准备安排给我的题目一点儿也不感兴趣。我只要找到一种礼貌的方式说"不"就行了，不要伤害他的感情，也不要结下梁子。树敌可不好，尤其是在学校里。

"哦，"我说，假惺惺地让自己听起来比较真诚，"听起来还挺有意思的。啥时候交稿啊？"

他抱歉地低下了头，说："嗯……我知道这不太好，其他的章节都写好了，可我交稿的时候，出版商说这本书非得再加上这一章，所以就没多少时间留给你了。不好意思，但最晚六月必须交了。"

这个局面也太容易解决了吧——他这么晚才来找我，利用这种歉疚感不就是现成的借口嘛。"真不好意思，但我暑假前这段时间全被其他项目排满了。"

他的肩膀垂了下去，我能听到他叹了一口气。"我一点都不惊讶。我是该早点和你说的。"

这太容易了，我忍不住要再涂脂抹粉一下。"是啊，这么重要的项目，我得拿出整个暑假专门来做，在九月份之前是真做不完啊。"我站起来，一边安慰地拍了拍他的肩膀，一边把沮丧的他引出办公室。这样我就又可以回来看莺来燕往、蝶舞蜂忙了。

我自以为处理得天衣无缝，于是把整件事情都抛到了脑后，直到两个星期后迈伦教授又冲进了我的办公室。我一看到他脸上的笑容，心想这下麻烦大了。

"你猜怎么着？"他说。

"怎么着？"我应付道，可根本不想听他的答案。

"我给出版商打了电话，他说你写的这一章太重要了，他会把整个项目推迟到九月份！"

在接下来的两次喘气之间，我想了很多很多，想要再编出一个不一样的借口。也许可以告诉他我上周刚刚又接了一个项目，十一月前我的时间都占满了——或者到明年。可到时候他的出版商还可能再推一次啊，这个假惺惺的借口到底能用多久呢？

就在这时，我的智慧盒在我耳边轻声说："傻了吧，你需要一个永远都忘不了的教训，这下你的机会来了。"

于是，我对着迈伦教授微笑，尽可能装得有风度一点："那真是太好了。我会用整个暑假来写的。"我也真的这么做了。

在这个漫长暑假的每一个该死的日子里，我都拖出那份手稿，写上几个饱受折磨的字，我简直是用我的血在写啊！每个该死的日子，我的智慧盒都会说话："下次该直接说不的时候，你该记得了，对吧？"我也确实记得了。我的余生都记得，至少到现在还是。

当时，我甚至不知道自己有个是非符，也不可能知道如何有效地使用它。我要是知道的话，这故事就要短得多，也美妙得多了：

迈伦教授：（谈论关于给他主编的书写一章的事情）

我："教授，谢谢你。你找我为你编的书写一章，这让我受宠若惊。不过很不幸，这个项目现在不适合我。"

迈伦教授："哦！"（然后我就把他送出办公室。）

大功告成！也就没有这地狱般的一章了。要是我当时知道"萨提尔的软钉子"，也就用不着经受这痛苦的折磨了。

萨提尔的软钉子

这个痛苦的夏天之后，我绝少忘记何时应该说不，但学会如何说却又花了很久很久。

我的流程十分简单：接到不太愿意做的项目时，我就想起了地狱般的一章，想起我为接下那个项目有多么懊恼。然后在愤怒开始沸腾的时候，我就把滚烫的怒火喷向请求者，比如："你真有种啊，竟敢让我花时间去搞这么愚蠢的项目。别等我真发火，赶紧滚出去！"

不用说，没人会来问我第二次了，放在业务萧条的时候这可不是什么好事。我意识到自己开始失去朋友和潜在的客户，但不知道还有什么办法，直到有一天，一个叫拉里的人给了萨提尔一个非常荒诞的项目，而我正好在场。

"哇，谢谢你，拉里。"她说着，轻轻地扶着他的胳膊，热情地看着他的眼睛，"你来找我，我感到很荣幸。不过不好意思，它现在不太适合我。"互动到此结束了。拉里满怀失望地走了，但她和拉里之间的友情并没结束。

　　与萨提尔相处多年，我得以看到她用很多种软钉子的形式来拒绝不想要的邀请。我从这些例子中提取出的秘诀是这样的：

1. 表示真诚的感激，表现在话语、语调和肢体语言中（"你来找我，我感到很荣幸"）；
2. 惋惜但清晰的"不"，不要找借口（"很不幸，它不适合我"）；
3. 未来合作的可能性（"……现在……"）。

　　简而言之，如果你不想做，就直接说它不适合你，不用编一堆借口。但如果你真心想做，那就给出理由，给未来类似的机会留下可能性。

　　　"你来找我，我感到十分荣幸。真可惜，我接下来三个月都排满了。如果以后还有这样的机会，还望你能再找我。"

　　我在应用萨提尔的软钉子的时候，最大的障碍是"真诚的感激"。我知道，要是对一个邀请根本不感激，我就说不出一个听起来真诚的"感谢"。我问萨提尔怎么办，她也承认，她常常并不喜欢收到的邀请。"但是，"她说，"我还是非常感激他们能邀请我。就像你的小孙子送给你一个他刚刚从泥里挖出来的死青蛙。礼物不重要，重要的是给予者把它送给你所体现出的情意。"这就是把自己的"心"放到等式里面了（见第8章）。

戈登初次咨询定律

　　当然，"是非符"并不只是"非符"，它也提醒你什么时候要说"是"。对给予者而不是礼物本身说"是"，只是它很多应用中的一个而已。另一个例子是我的笔友戈登·沙弗所说的"戈登第一咨询定律"，不过我比较喜欢把它叫作"戈登初次咨询定律"：

面对客户的第一个邀约不要说"是"，但也绝不要说"不"。

它叫作"初次咨询定律"，因为这是你咨询过程中的第一次接触。发令枪响时，你说什么、做什么对于整个比赛过程至关重要，它定下了基调。

要是潜在客户邀请你做一件事，你的智慧盒却说它并不适合你，你应该怎么回答呢？当然，萨提尔的软钉子也可以用在这里，不过这时你不应该拒绝，而应承认收到了信息，开创一段宝贵的合作关系，却完全没有做出承诺。我喜欢这么说：

"哦，谢谢您的邀请。让我考虑一下再答复您。"

我说的是"是"，并不是答应邀请，而是答应考虑邀请。现在我就没有压力了，可以花点时间来仔细考虑一下，然后再讨论我对这件事的想法。也许工作类型不合适，或者不具备成功的条件，或者对报酬不满意。

但要是客户坚持马上要答复呢？另外一个可能的回答是

"好，我们再来看一遍，我想确保我准确地理解了您的提案。"

这就把要求变成了谈判。你仍然没有对邀请说"是"，但确实答应试着理解这个邀请。即使你不喜欢这个提议，也许讨论一下，修改几处之后就能够接受了。

可如果对方坚持要你当场接受呢，而且即使你不理解提案也不能讨论呢？那你就好办了：

"我非常感谢您的邀请。很不幸的是，现在我不能这么快做出
决定。"

只要对方不是特别迟钝，这就是一种礼貌但清楚地拒绝做生意的说
法——除非他们让步，答应给你更多时间。

简单地说"是"或说"不"

《圣经》对于是非符这个话题讲得挺清楚的——每个人都应该有。
《马太福音》第5章说：

> 34 只是我告诉你们，什么誓都不可起。不可指着天起誓，因
> 为天是神的座位。
>
> 35 不可指着地起誓，因为地是他的脚凳。也不可指着耶路撒
> 冷起誓，因为耶路撒冷是大君的京城。
>
> 36 又不可指着你的头起誓，因为你不能使一根头发变黑变白了。
>
> 37 你们的话，是，就说是；不是，就说不是。若再多说，就
> 是从恶里出来的。①

不管你是说还是听，这都是很睿智的建议。对于那些靠赌咒发誓来
加强"是"或"不"语气的人，要注意：

> "上帝作证，我会准时交报告的。"
>
> "我真的一定会去做的。"

----

① 译文选自《圣经》中文和合本。——译者注

"不要担心，我不会接受他的邀请的。"

"相信我，我不是骗子。"

下面就是我所谓的"马太是非信号"：

诚实可靠的人用不着通过强调自己的诚实可靠来证明自己所说的"是"或"不"，每个人都本能地知道这一点。

如果你发现自己在明确地说"是"或"不"的时候还要加上这些自我宣传，那就该停下来看看自己的内心到底是怎么想的。很有可能你并不相信自己，于是试图用这些催眠词汇来蒙蔽客户。

是、否和生存规则

依我的经验看，大部分顾问在应用是非符的"非"时问题最大。我后来想明白了，这源于我们小时候学到的根深蒂固的规则。这些规则的根扎得如此之深，以至于我们觉得它简直是生存所必需的。

在培训顾问们使用自己的是非符的过程中，我经常会给出一个生存规则的列表。也许你可以从这个列表中最常见的一些规则中，体会到为什么它们会在你完全有道理说"不"的时候扼住你的喉咙。

❏ 要是不能说好话就别开口。

❏ 你必须照顾到每一个人。

❏ 不要固执己见。

- 不要反对权威，特别是你的母亲。

- 不要顶嘴。

- 不要带来坏消息。

- 不要对抗或争论。

- 不管做什么，都要做到完美。

- 做个好人。

- 永远合作。

- 总是把人往好的一面想。

- 不要说会让你后悔的话。

- 不要当众撒泼。

- 总是保持平静。

- 不要卷入冲突。

- 总是体谅他人。

- 绝不要伤害他人。

- 保持友好并提供帮助。

- 尊重长辈。

- 不要惹是生非。

- 不要惹别人生气。

- 假装开心。

- 尊重女孩。

- 尊重男孩。

- 要学会体谅。

- 不要自私。

- 不要说会让人痛苦的话。

❑ 莫谈家丑。

❑ 积极参与。

❑ 乐于助人。

如果你有孩子，会发现很多规则都很熟悉，因为你用这些规则让孩子们变得更听话。天知道，为人父母就够难的了。但看到整张表这样列出来，你就可以想想，为什么那些孩子——现在他们都长大成了顾问——想要对任何事情说不会那么难。总体来看就一个印象："我没有权力说不，不然就没人喜欢我了。"

如果你想给人这样的印象，那就没时间成为一个高效的顾问了。所以还是看看"老好人指南"吧：

如果你非得让每个人都喜欢你，那还是别干咨询了。

转变"是"的规则

生存规则是我和人打交道的方式的核心。我并不觉得规则是坏事，相反，我认为正是这些规则帮我在险恶的世界里活到了今天这个岁数。正是因为这种认识，我承认规则可能需要不断与时俱进才能适合日新月异的世界。适合四岁学龄前儿童的规则可能就不太适合四十岁的咨询顾问了。

但成年人规则的问题在于，他们不去使用我的是非符，而是非常绝对，不给你说"是"或"不"的选择和机会。这也就是为什么要让是非符完全发挥作用，我就得考虑把一些"规则"变成"指导"。

通过把规则变成指导，我既保留了原有的可能性，又加入了一些新的可能性——让我有所选择而不是强迫接受。比如，一般的规则说"不要带来坏消息"。分析一下，我就发现这可能会阻碍我成为好顾问，但从感情上来说，我当然也愿意一直都能带来好消息呀。把规则转变一下之后，我就可以在适当的时候带来好消息，也可以心安理得地带来不那么好但却更恰当的消息。

规则的转变①是通过下面几步进行的。

1. 准确地表述规则，用"我必须永远"的形式：

我必须永远带来好消息。

2. 把"必须"换成"可以"，它还对吗？

我可以永远带来好消息。

3. 把"永远"换成"有时"，它还对吗？

我可以有时带来好消息。

4. 找出可以应用这一指导的三个或更多情形。

> *我可以带来好消息，如果*
>
> ❑ *我不用为此说谎；*
>
> ❑ *确实有新消息；*
>
> ❑ *确实有好消息。*

---

① 有关生存规则和规则转变的更多内容，请参见 Gernald M.Weinberg, *Quality Software Management, Vol. 3: Congruent Action* (New York: Dorset House Publishing, 1994) 和 *Becoming a Technical Leader* (New York: Dorset House Publishing, 1986)。

❑我看来"坏"的消息可能在别人看来是好消息。

如果和我共事过的项目经理和团队成员都能够转变规则，使之不再禁止他们说出自以为的"坏消息"，他们肯定会十分高兴。然后他们就可以依赖诚实的反馈，引导项目克服那些不可避免的坏消息——要是没人告诉项目经理，这些消息会变得更糟糕。

转变"否"的规则

还有几条关于不要说"是"的规则，也可以做类似的转变来激活我的是非符。比如，想想我年轻时曾有的一条规则：

绝不接受施舍。

多年来，我严格遵守这条规则，这要求我对客户给我的任何礼物说不，哪怕是钢笔、镇纸、皮带扣、项目 T 恤衫什么的。有人给我这些东西的时候，我就会莫名地变得浑身僵硬，然后尽可能礼貌地拒绝。我这种身体语言任何人都看得出来，它也不会让我和最好的客户变得更亲近。想想吧，你出于友好把一个小纪念品送给一个你当作同事的人，结果他却生硬地拒绝了你，你会是什么感受。

> 我这样清高了好多年。直到有一次萨提尔举办为期一个月的讨论班时，一个和我共住一栋公寓的同事西尔维娅要送给我一个她亲手制作的丝带剪刀尾。丝带剪刀尾？我觉得很好玩，强烈的好奇心让金钥匙从我的"否规则"手里夺过了控制权。丝带剪刀尾到底是啥玩意？这玩意对我有什么用？
>
> 西尔维娅教我如何打丁香结，把一根五颜六色的编织丝带系

到剪刀的把手上。

"可是它有什么用呢？"我问道。

"它可以让你更方便地从缝纫抽屉里面找到剪刀。"

"可我没有缝纫抽屉呢。"我的否规则又跳出来了。

"好吧，那你总有书桌抽屉吧？"

"我是有啦。"我不得不承认。

"你看，这是一个给写字台抽屉用的剪刀尾，我是专门给你做的呢。说实话，我对于编丝带还是新手，这是书里最简单的一个项目。我自己已经做了俩了，不过这是第一个能拿的出手送人的。我就知道你会喜欢的，而且它们出乎意料地好用呢。"

好吧，我还能怎么着呢？凡事不能两全，不然我脑子都要炸了。幸运的是，我们那个礼拜正好在讨论如何转变规则，所以我抓住了"绝不接受施舍"的规则，把它转变成了下面的指导。

> 我可以接受馈赠，如果：
> ❑ 接受这个礼物后不需要履行任何责任；
> ❑ 赠送礼物是出于友善的目的；
> ❑ 礼物不是我自己买不起的东西；
> ❑ 我并不真的需要这个礼物。

卡住的是非符——规则冲突

西尔维娅并不知道，她帮我把"绝不接受施舍"和"绝不要伤别人的心"这两条规则直接对立起来，从而做出了改变。在我们的生活里、在许多客户那里，我发现有无数这样的规则冲突，比如：

规则 1	规则 2
要说实话	不能说好话就别开口
事先计划	别高兴得太早
不要犯错	不要怕冒险
不要独来独往	别让别人占便宜
父母在不远游	要学会长大
别大声喧哗	声音要洪亮
尽量多学点东西	别光顾着学习
有事别憋在心里	受伤了别表现出来
据理力争	别挑战权威
吃饭别磨磨蹭蹭	吃饭别狼吞虎咽
别饿着	临睡觉前别吃东西
不要吹牛	要勇于展现自我
踏踏实实做一份工	别把鸡蛋都放在一个篮子里
让世界变得更美好	保护本来面目
为自己追求的东西工作	不要太自私
不要扭捏	不要大声
融入团队	不要依靠别人
不要有偏见	结婚要门当户对
善于原谅	君子报仇十年不晚
追求完美	别做出头鸟

　　难怪这些规则冲突会在最尴尬的时刻让我的是非符瘫痪。前面一条刚说"不"，第二条就跳出来说"是"；第二条还没来得及开口，第一条又占了上风。两条规则在头脑里面反复较量，我只能僵在那里，脸上挂着愚蠢尴尬的表情——这种姿态可做不好咨询呢。

　　在学会了转变生存法则之后，我就很喜欢这种时刻了。由此浮现的隐藏规则就可以转变为指导，这样我的是非符就又能发挥作用了。

第 **8** 章

如果用表面现象来衡量爱，那它看起来更像恨，而不像友谊。

——拉罗什富科

"心"代表了我全心投入工作的能力和意愿，而且不单要有好心，还要做得聪明。同事让·麦克兰登把"心"放到了我的工具箱里。她说，萨提尔的工具箱里之所以没有它，唯一的原因是她觉得每个人总是能感受到自己的心。不过在技术环境里，我发现自己常常需要有东西提醒我去注意别人的希望、意愿、恐惧和敏感。"心"能在我需要的时候推我一下。

心的问题

你可能听说过，心脏病是顾问（还有其他人）的头号杀手。不过你知道"心的问题"也是咨询业务的头号杀手吗？在职业生涯的各个阶段，我都陷在各种各样的"心的问题"里。我发现其他人也有同样的症状，所以怀疑你可能也是这样。

我的工具箱中的"心"能够提醒我自己的价值观——我自己的个人价值观。但"心的问题"里最严重的一种就是将自己的价值观强加给客户，所以我不会用这一整章来回顾我自己的价值体系，本书的字里行间已经体现得够多了。

那么我想谈的是如何使用"心"，而不是你应该用它来做什么，以及如何避免一些影响咨询业务的最常见的"心的问题"。

好心办坏事

"心"很危险。可能在所有的工具里，"心"是最可能导致与预期完全相反的结果的。"心"很容易造成事与愿违的效果。也就是说，我的"心"

提醒我，我很重视某件事，所以我采取了行动来让它发生。事与愿违的效果是它的反面恰恰发生了。想想拆大片绷带的例子吧。我不想把病人弄疼，于是小心翼翼地把绷带慢慢揭下来。可慢慢揭反而延长了病人的痛苦，恰恰违背了"心"的本意。①

组织生活中一个常见的事与愿违的例子是拐弯抹角怕伤到别人，可最后反而因此伤害了对方。在我们的 SHAPE 论坛上，布莱德提了几个问题，有些人看不懂。几位网友私下就这些问题给我写信，而不是直接和布莱德沟通。这种方式可不是 SHAPE 论坛上常见的风格——不想对自己不了解或不熟悉的人太过直接，以免伤害他们的感情。我不觉得每个人都能理解这种方式，但它的动机很纯净，和那些直接质疑布莱德的人是一样的。

在回复这些网友时，我指出在某些情况下，为避免伤害而拐弯抹角可能反倒会伤害别人。如果你是布莱德，发现别人在讨论你的贡献却把你晾在一边，你会怎么想？

对于 SHAPE 论坛而言，我觉得这种间接沟通还算合适，因为大家可以写信给我让我帮忙，这也是我作为论坛编辑的职责。但别养成依靠第三方解决困难人际关系的习惯。你可以把这看成"斜边假说"的一种应用：

要是在你和你要的数据之间有个直角三角形，选斜边走。

它还可以转变成"人际斜边假说"：

---

① 如果想了解关于好心办坏事的更多资料，参见 Gerald M. Weinberg, *Quality Software Management, Vol. 1: Systems Thinking* (New York: Dorset House Publishing, 1992), pp. 278-286.

要是有人（C）隔在你（A）和另一个人（B）的心中间，选A和B之间最近的路。

但让我们不直接寻找源头的正是"心"本身。写信给我的人确实进退两难，他们很重视布莱德的提问，想要搞懂它，可不明白就是不明白；他们还很重视布莱德，不想伤害他的感情。那他们还能做什么呢？更重要的是，你在这种情况下会怎么做呢？你的心渴望某种结果，但似乎朝着这个方向不管做什么都可能事与愿违。

在这种情况下，我学到的是直接去告诉另外一个人："我真的很想帮助你，但我不明白你在问什么。我甚至不明白那些我没看懂的地方。你能帮我来帮助你吗？"这些话最好面对面说，写在纸面上就有点不给力，电子邮件尤甚。

好心办坏事的另一个版本，是你的心说你其实不太在乎和某个人的关系。你不想和他们继续浪费时间，可也不想特意去伤害他们。你想温柔地让他们明白，可他们却把你温柔的一面当成了主要的信息，而这个信息是你真的很在乎和他们的关系。

这就和撕绷带是一个道理。你要是怕弄疼哪怕一点点，就很可能反而造成更多的问题。"心"应该让你做的是使用你的是非符，尽可能清楚地说明你想要结束一段关系。可有"心"掺和在里面，怎么才能尽量清楚呢？

智慧的心

就写书而言，让人倍感欣慰的一件事就是从读者那里学到的东西。下面一段话节选自拉里·帕斯给我写的信，他在信中赞扬了《咨询的奥秘》。

有一节吸引了我的注意，因为你谈到了一个我从来没有遇到过的问题：让人们意识到自己是有感觉的。作为神经语言规划（NLP）的助理培训师，我帮助人们对感觉拥有更多选择，或者调试自己对感觉的感知。虽然这并不容易，但还没有人反对说自己没有感觉。

我想拉里可能没有像我一样和计算机程序员共事，因为我经常听到他们说自己没什么感觉，或者就算他们有，那些感觉也不重要。当然，这就让拉里的建议更有用了。他继续说道：

我想我可以帮你让人们更容易了解自己的感觉（我意识到这违反了咨询第四定律，但还是可以把它看作营销第七定律的一个应用吧①）。

我首先注意到你在这一节中使用了大量的视觉词汇，比如，让人们"看到自己的内心"，说他们"对感觉视而不见"，给他们"第一线光亮"。使用视觉词汇的修辞就容易让人们以视觉来处理信息。但是，如果让人"接触"或"触摸"自己的感觉，那么即使他们得去"摸索"（不是搜索），也可以引发运动知觉（感觉）的处理。即使是对于生理感觉，把注意力"转移"到左脚上也比"集中"到左脚上来得容易。

还有一个建议：如果有人对于当前是什么感觉感到卡壳或困惑的话，让他们回顾过去的感觉常常有帮助，比如："回想你愤怒，或紧张，或坠入爱河的时候。那种感觉和现在的感觉相比如何？"

---

① 咨询第四定律：要是他们没聘用你，不要帮他们解决问题。营销第七定律：把最好的想法送人。《咨询的奥秘》第9页和第218页。

我给拉里回了信，特别感谢了他提供的关于触摸感觉的信息。虽然我受过 NLP 的大师执业者的训练，还是这门学科的祖师萨提尔的学生，但还是常常不能应用 NLP 的知识。工作的时候，我对于听觉、视觉和运动知觉语言的使用有时候又退回到了潜意识的层次。拉里的信提醒我必须提起注意、小心行事，并且掌握更多。（这么说够意思吧，拉里？）

写作时，我尤其有意识地使用智慧的心。如果我没有触摸到读者的理解困难，没有按照他们的感觉偏好进行调整，也没能看到他们的反应，我的语言就很容易变成视觉沟通型，这符合我的感觉偏好，却没能打动读者。

而且这不光是我的讲话风格。和我共事的一些人似乎只要谈到感觉就没什么反应。我对此感同身受，因为不久前我也是一样——心被安全地锁起来了，免得再疼。在这种情况下，我会试着触摸这个人，真实地去触摸。我发现恰当的非语言接触常常能够打开通往心的大门。（这也证实了拉里的看法。）

如果没法触摸或者触摸会显得太唐突，有时候我的谈话会绕开意识障碍，直击他们的潜意识。我用的是"假如"技巧：

假如你真的有感觉，那会是什么样的感觉？

如果这个不管用，另一个方法是什么？

你觉得别人会有什么样的感觉？

这个"假如"技巧之所以管用，是因为它在人们和自己的感觉之间保留了一定的安全距离。它不要求对方公开袒露自己的感觉，这恰恰是过去给他们造成痛苦的源头。

"假如"技巧打开了一些最难开启的心。不过,和我用的几乎所有"技巧"一样,如果它不是发自我的内心,也不会奏效。我坚信,正是头脑(技巧)和心(关怀)的组合产生了我拥有的所有咨询能力。我把这个组合叫作"智慧的心"。

在我的整个职业生涯中,要是我一成不变地使用"心",那就遇上大麻烦了。举几个例子吧。

盲目一致与平行悖论

在职业生涯初期,我自然急于吸引并留住客户。我以为只有让客户喜欢我,才能吸引并留住他们。就像个半大孩子一样,我觉得吸引别人喜欢我的技巧就是尽可能和人家一样。我学人家的穿着,讲人家的行话,按照人家的作息工作,和人家考虑一样的问题。

一开始,由于我和很多客户的背景都类似,我没注意到自己的这种模仿行为。但我确实注意到客户常常想把我招进去。最后,我发现要是我和客户太像,他们就看不出我和员工有什么区别了,然后他们就该琢磨为啥要出更高的价钱来雇一个员工了。

我对此的反应有点矫枉过正,想要尽可能不一样——着装、言谈、思路还有态度都不一样。过了几年才发现我把客户吓跑了。这种与众不同让客户害怕我干了些和他们员工不一样的事情。

我陷入了"平行悖论",真是让人进退维谷:

要是你和客户太像,就没什么吸引力;

要是你太不一样,又会把客户吓跑。

要怎么摆脱这个困境呢？我发现，最简单的做法就是做真实的自己。这省掉了很多算计，但要保持真我需要非常努力，要学会了解自己的本心。

怜悯咨询

我以为，一旦名声在外，就没啥好担心的了。各种邀请应接不暇，我就可以挑肥拣瘦选那些最称心的项目了。再说，我挺了解自己的本心——我真正想要的东西。

确实，我收到的邀请大概是我能接的三四倍。那为什么我还是在一个又一个要命的项目里挣扎呢？受了几年罪之后，在一次会议午休的时候，我终于想起来应该找个顾问同事问问。与会的男士没说出个所以然，但女士却立马发现了问题。

"这就和高中生约会一样。"玛莎说。

"为什么这么说呢？"我问道，"我对约会没啥概念……高中的时候我是个书呆子，根本约不到女生啊。"

女士们都转头看安妮，她是这群人里最漂亮的。她马上回答说："高中里呆呆的男生一把一把的啊。可能那年纪就是这副样子。荷尔蒙会让他们来找女生。只要你还算有中人之姿，肯定有铺天盖地的呆男生来找你约会。"

"可你只要拒绝他们就好了啊。"我说。我知道女生可以的，因为我总是被拒绝，只是我不想和她们说罢了。

"是啊,"安妮说,"你会拒掉大部分,可最后心里还是觉得他们可怜巴巴的。于是就施舍了一个约会,然后就有你好受了。"别的女士也都点头称是。

"怎么就没人可怜可怜我呢!"我抗议道。

"可能你还不够可怜。"玛莎说。我就当这是夸我吧。"不过呢,"她继续说道,"显然你有些客户真的够可怜,可怜到你都忍不住要和他们约会了。就像那个公司……"

"喂喂喂!"我说,"我可不想讨论我客户的问题。"

"你瞧瞧,"玛莎警告说,"又在施舍同情心了。"

"好吧,我们还是换个话题吧。"我建议道。谢天谢地,她们总算不谈了,可怜悯约会的说法再也没法从我脑子里抹掉了。

在那个无眠的深夜,一切都清楚了。我发现,当时间排不开的时候,我选择项目的推理过程是这样的:

- ❑ 要是一个情况良好又讲道理的客户又一次请我去,我会觉得他们并不是急切地需要我,于是就会拒绝他们。
- ❑ 要是一个真正可怜的客户请我去,我就觉得我不帮就没人帮了。虽然我并不觉得自己能点石成金,但至少可以让他们对失败感觉好一点。于是就接受了邀请。

当然,我说的"推理"是个很泛泛的说法,因为我都没有意识到我是这样施舍怜悯的。虽然我已经学会了如何使用自己的是非符,但还没学会用智慧的方式使用自己的心。

如今，要是一个境况凄惨的客户请我去，我会满怀敬意地和他们接触，首先是把他们看作一般人，然后才是深陷不幸的人。然后，我总是会提供我真诚的关怀，因为我确实关心他们，就像我会关心每个人那样。

我会用关爱进行聆听，然后接受他们的现状，无论这个现状有多糟糕。然而这种接受并不代表认可，也不代表未来会参与。我不会去评判他们，但我要评判的是帮助他们符不符合我的内心。

我不会马上就提供各种帮助，而是提供一些简单的办法，让他们（还有我）可以衡量他们的处境是不是超出了我能够帮助的范围。比如，我常常建议他们送几位最有影响力的员工来参加我们的领导力培训。如果他们连这个都搞不定——太忙，太抠门，对我没有足够的信任，不太明白提高领导力可能有什么好处，或根本找不出有影响力的员工——那就拉倒吧。

如果他们真的送来了几个最好的人，那其实我们就有了一份时间很短而且零风险的咨询合同。我可以认识他们的人员，而且至少可以让他们带回去一些评估和改进现状的工具。有些时候，这种关系最后能够变得非常深远。

想到这个，我想起安妮和玛莎后来都悄悄告诉我，她们俩最后都嫁给了约过她们的书呆子，然后（还算）幸福快乐地生活在了一起。

这种方式的一大好处，就是我用不着通过电话或者电子邮件来评估客户的组织——这就变成相亲了。而且我还可以对每个新的潜在客户都用同样的办法，这样就满足了我同样尊重地对待每一个人的心愿，不管是书呆子还是王子。

崇高的承诺

"心"是或者应该是我做每件事的动力。如果心不在，那我就不应该
去做。我用"心的测试"来保证这一点：

如果你不关心对方或对方的问题，那就不要为他们做咨询。

经历了惨痛的教训之后，我终于发现，如果没能把心投入其中，我
做得就不会太好。如果做得不好，我就得不到后续的业务或客户的推荐。
很明显，要想成为成功的顾问，我必须通过"心的测试"。

但通过"心的测试"并不足以保证成功。我花了很长时间才认识到，
用同样的尊重对待每个人和同等对待每个人不是一回事。我的心一次又
一次让我筋疲力竭，试图照顾到每个人每件事。想想自己有多高尚啊，
我可能并没真正帮到任何人，可拼了命地去帮了。而且这种姿态非常安
全，就算有人批评我的工作，也没人能批评我的好意。

我一直都保持着这种高尚的姿态，直到我第三次差点过劳死才醒悟
过来。我终于发现自己也是人，要想关心所有人，就必须关心自己。如
今我有了另一个信条，叫作生存定律：

拼死努力，不如活着成功。

所以，有时候就算我心向往之，也不会去做。心的容量不是无限的。
如果我的心还能保持理智，那它就会提醒我自己必须有所约束。 不
然，心就要爆掉了。我把这个叫作"智慧的心测试"：

如果有人让你拼死帮助他，那你还是别帮他了。

第 9 章

镜子

啊，但愿上天给我们一种本领，能像别人那样把自己看清！

——罗伯特·彭斯，《致虱子》（王佐良译）

镜子代表了审视自我并寻求和利用反馈的能力。我一直都知道反馈对于个人成长非常重要，但在与伊迪·西肖尔和查理·西肖尔合著关于反馈的著作《你说了什么？》[1]时，我对这个话题的理解才大大加深。反馈是一面镜子，我可以看到自己，还能看到自己如何影响周围的人，但只有当我记得去看别人提供的镜子时它才能起作用。任何个人和组织要有所改进，反馈都是不可或缺的。

作为镜子，反应一致才不会变成哈哈镜，才能让别人和你自己解释镜中映出了什么。这真是说来容易做来难。面对不太顺耳的反馈，第一反应可能是冲动乃至失态，要是有点时间来思考一下会稍微好一点。工具箱中的镜子会提醒我，在回应之前要稍微冷静一下。

当然，如果这个反馈说的是我的写作，那还是比较容易有时间来仔细反思的。让我举一个有点长的例子吧。我给一个专栏写了篇关于"承诺"这个很难说清的话题的文章。一位叫布莱德的读者给杂志主编写了封信，说我对"部分承诺"的解释太差劲了。

我的第一反应自然是把沟通失败怪到布莱德身上："这人肯定没仔细看。"可我的镜子提醒我，作为作者，我有责任把自己的意思讲清楚。于是，发现自己在指责别人时，我用了一个使用镜子的技巧，即三个手指法则：

你用一根手指指别人的时候，看看另外三根手指在指哪里。[2]

---

[1] C. N. Seashore, E. W. Seashore, and G. M. Weinberg, *What Did You Say? The Art of Giving and Receiving Feedback* (North Attleboro, Mass.: Douglas Charles Press, 1992).

[2] 《咨询的奥秘》第 83 页。

于是，利用布莱德的反馈，我又尝试了一次，希望这次有所改进，并借此看看反馈能够做什么，以及它如何是做到的。

布莱德有段话是这么说的：

> 温伯格的方法，就是在遇到棘手项目的时候，让自己承诺得尽可能少，直到客户证明了自己愿意遵循温伯格让项目成功的那套方法。他写道："如果随着时间的推移，该组织证明了自己说话算话，那我可能会参与得更多一点。"这种方法的荒谬之处有二：其一，大多数合同员工根本没有选择部分承担项目的自由。我们一次就做一样事。对我们来说，要么有，要么没有，"部分"承诺也就意味着"部分"报酬。

我后面会再提到他说的第二点。我在这儿的错误在于选择了"部分承诺"这个词，太容易让别人理解成"兼职承诺"了。如果我做出一个兼职承诺，那和我所有其他承诺一样，它永远是一个完全的承诺，我会做我答应做的事情。我所谓"部分承诺"的意思，是一开始并不答应去做客户要我做的所有事情。所以，我只会完全承诺去做客户要求的工作中的一部分。这里有一个例子：

> 莫妮卡是一个测试专家。X 公司想要她担任一个有问题的项目的测试经理，从头到尾全程负责。但她知道 X 公司有在项目接近尾声时通过削减测试来赶进度的习惯，然后再反过来指责测试经理交付的质量不佳。

于是，莫妮卡向 X 公司提出了一个部分承诺。她愿意完全承诺领导测试规划，并参与项目规划。她还愿意承诺协助该公司找到一位长期的测试经理。如果管理层没能及时雇到人，她可以再谈进一步的承诺——这次就会基于项目到时候的管理状况了。

作为镜子

我工具箱中的镜子并不只有使用镜子的一面，还有要成为镜子的一面。比如做出这种部分承诺就是一种很强的反馈，提醒公司有些东西应当改变。这样的反馈是每位提供服务的专业人士日常工作的一部分。比方说，如果我背疼去看医生，她并不只是给我开点止疼片来短期缓解一下，还要给我关于锻炼、姿态和运动的指导，帮我预防疼痛复发。如果一位医生不能成为这样的镜子，那他的工作就称不上完整而专业。

对顾问来说，合同谈判就是一个提供反馈的良机，因为合同也是很强大的镜子。当你开始谈判时，要记得"莫妮卡的好镜子"：

合同谈判是双方审视自我的绝佳时机。

莫妮卡的合同谈判提醒 X 公司注意自己影响工作的行为，于是他们就在项目早期做出了改进。莫妮卡本来已经愿意谈新合同了，承诺留任到第一个组件交付测试。突然，X 公司又开始故态复萌。有人告诉莫妮卡虽然组件还没做好测试准备，但测试员还得依照既定的时间表，测试时间则被砍掉了三个礼拜。

由于压根就没有承诺会继续，莫妮卡就得以运用自己的谈判地位，成功改变了时间表并恢复了原先计划的测试。最后，X 公司交付了一个稳定的产品。确实晚了三个星期，但没人责怪测试员，因为莫妮卡准确的反馈迫使他们意识到延期是哪里造成的。

当然，并不是所有合同谈判时的反馈都有这么好的结局。莫妮卡的镜子确实挺好，可也不是神。不是每个病人都会遵照医嘱，也不是每个人都喜欢在镜子里看到的东西，特别是当镜子本身完美无缺的时候。虽然使用镜子可能意味着要拒绝工作，但从长远来看，干干净净的镜子还是会给作为顾问的你带来帮助。

莫妮卡曾经在另一位客户身上用过部分承诺的方法，结果却大相径庭。到了该续约的时候，客户拒绝接受她的条件，结果她只好去找新的客户了。这似乎是一个应该把镜子藏起来不让客户看到的很好的理由，但莫妮卡告诉我："我每天都在那里，很清楚会发生什么。所以我储备了一些备选客户。合同结束的当天，我就在另一位客户那里拿到了一份管理测试的新合同，而这位客户非常欣赏我的做法。相比于第一个客户那个注定失败的项目，我相信我在这里会开心得多，而且报酬也更高。也许老客户能吸取教训改变点什么，不过我可拿不准。"

这也是一个教训，我把它叫作"莫妮卡的镜子忠告"：

好的镜子有些人不愿意看。

斯威尼小签名法则

当然，莫妮卡的故事可能并没有解决布莱德提到的第二点：

　　客户一般不会专门去向合同员工证明任何承诺。说实话，甚至可以说客户之所以用合同员工，正是因为他们根本不需要对我做出一丁点儿承诺！

我知道布莱德说的是什么意思——有些客户（不是所有的）为了让你接活儿什么都可以答应，然后却不履行承诺。要是你担心客户不会履行承诺，哪怕写在合同里都不管用，通过部分承诺来反馈恰恰是一种保护自己利益的策略。这儿就有一个例子：

> 斯威尼和 A 公司签了一个软件开发合同，同意服务到项目结束。有人告诉他项目受到很大压力，会经常加班，那么他在正常的 40 小时工作时间里每小时拿 80 美元，而在加班时间可以每小时拿 120 美元。可他拿到第一笔薪水时，发现自己只是拿 65 美元一小时，连加班的 14 小时也是如此。他的项目经理说上级觉得费用太高了，而面试时候说的数字"只是个估计，又不是承诺"。

那斯威尼是怎么反应的呢？在我看来不太明智。他一直留到项目结束（好几个月之后了），因为他觉得自己"承诺在先"。换作我，承诺也只是部分的，要是客户不履行，那我也不用履行。对这种卑鄙行径逆来顺受，顾问就没能给客户应有的反馈，而这又会鼓励客户继续食言。

当然，斯威尼没有书面合同，因为他不喜欢所谓的"法律程序"。不过在他下一个项目上，我还是说服他找了一家合约事务所作为中介，至少那个事务所履行了向他做出的口头承诺。当然，我也没幼稚到相信所有的合约事务所都能履行自己的口头承诺。

合约的各方都需要反馈才能进步，而保证这种反馈的最好办法就是用一份双方签字的书面合同。莫妮卡的好镜子对于口头合同可能不一定管用，但对书面合同则非常有效：让你在一张纸上签上名字，这还能让你仔细看看自己承诺了什么。我把这个叫作"斯威尼的小签名法则"：

如果你想要承诺有意义，别怨了，签吧。

帮助模式与卡尔的建设性推论

卡尔也是一个合同程序员，不过他的合同是通过一个合约事务所签的。虽然客户想让他全程跟进一个时间和范围都未定的项目，但他只答应实施一个特定的模块。卡尔一上手就发现，自己要和另一位合同程序员共用一台配置不怎么好的工作站，然后就被指责说干活太慢。由于他的合同里没有明确写出应当给他配备合适的工具，他算是陷在这个烂摊子里了，不过也无非就是撑到他答应的那个模块做完。他没有续约。

他和一位新客户签了一份新合同。这次，他的签约中介更加仔细地调查了工作环境——吃一堑长一智。卡尔也确保用部分承诺来保护自己。后来客户履行了自己的那部分，卡尔也续约了。四年之后，他已经是第六次和这个客户签合同了。

布莱德还写道：

> 也许有那么一小撮精英圈子的合同员工能成功地应用温伯格的办法。但对于我们这种底层的人来说，毫无疑问最重要的是要不断有活干。这不是贪婪，是实际。

我会为我自己把布莱德的说法改成这样：

> 在合适的工作条件下，在你受尊重并且有机会展现自己最好一面的地方，不断去做那些你擅长并且享受的事。

确实有一类顾问能够应用这种专业方法，不过我不会称之为"精英"。他们中很多人是我的学生和同事，我绝对会说他们很"实际"。他们知道，反馈可能会帮他们赢，也可能让他们输，但反馈总是能帮助他们学习。为了达到这一点，他们就不能去消极地解释"为什么会给我这样的反馈"，而是要应用帮助模型：

不管看起来是什么样，每个人都是想帮忙的。[1]

记得"每个人"也包括你，所以无论在镜子的哪一面，都要

把反馈当作提醒，而不是指责。

我把帮助模型的这一应用叫作"卡尔的建设性推论"。就算反馈本来并不想要帮忙，它也有效，这也是一种将有意的伤害变成潜在好处的方法。

当然，布莱德并不是有意要伤害我。我怎么知道呢？他的反馈开篇就说："我平常都还挺喜欢杰拉尔德·温伯格关于咨询界的看法的。"这堪称反馈技巧的典范，因为这点恭维帮我把布莱德的其他评论看作是要帮助我，而不是要以某种方式伤害我。这句话也保证了我会注意他剩下的说法，虽然这些对我来说并不太容易接受，因为它们说出了他不喜欢什么。

还真巧，布莱德展示了他只是"部分认可"我的写作，并由此提供了我可以改进的反馈。我得说这让布莱德显得既实际又专业，真算得上是镜子大师了。

---

[1] 见 Gerald M.Weinberg, *Quality Software Management, Vol. 1: System Thinking* (New York: Dorset House Publishing, 1992), pp. 154-55 和 *Quality Software Management, Vol. 3: Congruent Action* (New York: Dorset House Publishing, 1994), p. 208.

肯尼修车定律

肯尼修车定律说的是

最常修或最常换的零件肯定放在最难拿到的地方。

类似地，你自己最需要常常修理的，或者常常惹出麻烦的那部分，也是你自己最难以触及的部分。或者简而言之，你最需要镜子的地方，恰恰是你的镜子最不容易照到的地方。

你的镜子可能会看不见本来很明显的东西。这就像你想不起来一个本来应该特别熟悉的名字或者单词。有时候，盯着一个熟知的词一直看一直看，忽然就不知道它是什么意思了。有一个夏天，忘了一个单词几乎要了我的命。

好多好多年以前，我们四个十几岁的孩子开车横穿美国。有一天，我们几乎把钱花光了，必须一口气开回芝加哥。我们轮流开车，并且靠在汽车里睡觉（勉强算是睡觉吧）来省钱加油。一天晚上，我们开上阿肯色州一条泥泞的弯曲小路，我当时负责导航——主要是让司机别睡着，还要为他念出路标。在一条黑漆漆的农场路上开了好多里之后，我看到了一个奇怪的路标，上面写着一个字。这个字我不认识，甚至都念不出来。那个字是"停"。

我需要的信息，恰恰是我念不出来的信息。不过我念不出来这件事本身也应当传达给我同样的信息。

这种障碍在生活里也常常出现。有时候，"得不到信息"恰恰就是一个信息，而且是最重要的信息。它说明了我自己的意识状态。我自己的镜子出了毛病，但我还是会把我的问题归咎到他人或是环境上面。

那么，我们应该到哪里去看自己内在的状态呢？内省，也就是"从他人的角度看自己"的秘密在哪里呢？为了找到这些秘密，我去查了查研究人类行为的科学。我先看了心理学，发现现代心理学常常对内省不屑一顾，已经变成了研究别人行为的科学。这一章说的是"镜子"——如何审视自己，如何感受内心，这在心理学看来算不上是科学。

我接下来又去看社会学，但社会学说的是其他人行为的集合，也不是关于我个人的。

那历史学呢？历史学关心人们过去的行为，然后用人们当今行为的视角加以阐释。

人类学？人类学是关于截然不同的人们的行为。这样说起来就是精神病学了。研究疯子对于我在自己身上使用镜子没什么帮助，除非我想把自己逼疯。

所有这些"科学"方法都给了我一点对待自我的距离和安全感，可说到底，我才是我唯一真正能够改变的人。正如禅宗大师铃木俊隆说的："如果有人盯着你，你可以摆脱他，但如果没人盯着你，你就无法逃脱自己。"[①]

所以，头号秘密就是：

没有什么秘密。每个人都可以观察人类的行为。

你已经拥有的工具就足够了。而且你还用不着科研基金呢。

---

① Shunryu Suzuki, *Zen Mind, Beginner's Mind* (New York: Weatherhill, 1960).

萨提尔的三个普适问题

《合同从业者》的编辑给我的每月专栏选了"全局"这么个名字。他说选这个名字，是因为我能够"看到签约和咨询业务以及相关的人际能力，而这些可以跨越各种技能乃至于行业"——简言之，就是"全局"。

这真是太抬举我了，但你为什么要去看全局呢？如果你和我一样，别人找你做项目是因为你应当是"专家"。你知道"专家"是什么意思："避免了所有的小毛病却铸成大错的人。"

不过我还是比较喜欢了解"全局"。所以，在专注于一项新任务的细枝末节之前，我喜欢把所有的东西都摆出来。我干活儿的时候也经常犯下很多错误，但就全局而言，我有理由期待它们都是小错误。

我喜欢的一种处理全局的方法，是首先把问题分为三个部分：自我、他人以及环境。在这一章里，当然，我会先谈谈自我，这也是我每次咨询时的切入点。观察自我就需要"镜子"。

关注自己的时候，我就会问我从萨提尔那里学到的三个问题：

❑ 我是怎么来到这里的？（过去）

❑ 我在这里感觉如何？（现在）

❑ 我希望发生什么？（将来）

下面几个例子讲的就是"全局"问题如何帮助我看看自己的镜子，并让我处理工作的方式大为改观。

我是怎么来到这里的（过去）

☐ 如果这是我给客户做的第一个项目，当初是怎么联系上的？是第三方介绍的，还是客户直接找的？

☐ 如果是回头客，我上一次给人家留下了什么印象呢？是交了朋友还是树了敌人？过去的联系人还能用得上吗？我上一次工作有什么可以沿用的结论？

☐ 我拿到我想要的合同了吗？还是不得不做了一些让步，后面还可能让自己难以释怀？

我在这里感觉如何（现在）

☐ 我是不是不情愿在这里？对于这个任务是否有保留意见或是不祥的预感？

☐ 我是不是很渴望来这里？我盼着做我答应做的那些工作吗？

☐ 我是不是不清楚对方对我的期望，还是任务都说得一清二楚了？我对任务拿得有多准？

☐ 我对自己——自己创造价值来换取所得的能力有多大把握？

☐ 不管现在感觉如何，这是成功完成工作的正确心态吗？如果不是，我应该怎么调整情绪？

我希望发生什么（将来）

☐ 我为啥接这个任务呢？为了钱？经验？挑战？未来的引荐？如果我在选择行动路线的时候没有目标，客户可能对我的工作很满意，但我自己会感到很空虚。

- ❑ 成功对我来说是什么样的呢？如果我拿了一大笔钱却留下了很差的口碑，我会满意吗？如果客户对我已经做过无数遍、自己感觉无聊透顶的方案欣喜若狂呢？
- ❑ 我想在这里呆多久？如果客户延长项目时间，我是会笑还是会哭？

利用你自己的"全局"

我在接活儿之前用这三个问题作为镜子，自己的满意度因此大大提高了。在签任何合同之前，无论是新合同还是续约，我都会用这些问题来检查自己的状态。

比如有一次，我正准备续签一份长期合同，而且我每日收费还提高了15%，这相当不错。不过，在体察自己的感受时，我意识到我谈判的方向不对。在前一份合同里，我感觉我是出色地解决了错误的问题，这并不太让人满意。我不太在意多拿的15%，我真正想要的是对自己的工作有更大的控制权。

对自己的认识更清楚了之后，我中断了手头的谈判，要求有更多的自由空间。我本来已经准备好至少牺牲一点加薪了，但客户不但给了我更大的自由，还坚持要给我更高的报酬。他说："既然你是要帮我们做对的事，而不只是把事做对，那你怎么说也多值这点价钱了。"

自我评估并不总能有这么立竿见影的回报。在另一次续约的时候，那还是在我职业生涯的早期，我要求更大的工作自主权，却导致了我和客户之间不可调和的矛盾。这个客户知道，或者以为自己知道问题在哪里，可我却觉得问题没找对，让我没法大展身手。

那个时候，我最想要的是处理某种问题的经验，还有几个非常好的推荐。第一次为这个客户工作时，我帮助解决的问题里没有我真正想做的东西。虽然我的解决方案很有创意，也很成功，但我感觉它并没有帮助客户解决真正的问题，因为他一开始就把问题找错了。

他把不满之处归咎于我工作中一些莫须有的不足，也不太愿意给我做很好的推荐。

当然，他是对的。我的不足，恰恰是我在接下工作之前，没有去看自己的镜子并评估全局——有他的，也有我的。在谈后续项目的时候，萨提尔的三个问题告诉我，他愿意多给的钱并不能弥补我再次与他合作的痛苦。谈判破裂了，但至少我没有再浪费六个月在我不想做的工作中煎熬。

我又花了几个星期才接到新的工作，这也让我损失了一笔钱。损失了多少我早忘了，但新工作的满意程度让我记忆犹新——我学到了什么，挣了多少钱，还有如何让我的工作回到了正轨。正如有句谚语说的："我们不能阻止鸟儿从头顶飞过，却不必让它在头上筑巢。"

第10章

望远镜

美女的定义就是爱我的女人。

——斯隆·威尔逊

在人际交流中，悲剧不是源于误解了话语，而是源于未能理解沉默。

——亨利·戴维·梭罗

　　望远镜提醒我，自己拥有看到别人以及比肉眼和大脑更深入地了解
他们的能力。我的望远镜要配上镜子一起用，后者提醒我去看看自己。

　　比方说你刚来到一个新环境，想要了解一下其他相关人员的"全局"。
不管你怎么做，在用上一章里提到的"萨提尔的三个普适问题"来了解
自己的"全局"之前，先别急着用我下面讲的东西。如果你对自己个人
的全局不清楚，没有给自己定心，那整个"望远镜"就会显得很空洞甚
至有些虚伪。

别人的"全局"是什么

　　虽然镜子只能用在一个人身上，望远镜的目标却可以一下对准成千
上万人。那我怎么选要对准谁呢？

　　每次开始新工作时，我都要问自己："在这个环境里，重要的还有谁
呢？"我忽略的每一个人都可能在某个节骨眼上冒出来，让我精心安排
的计划毁于一旦。

　　通常，我必须考虑的人包括丹妮——我的妻子和业务搭档；"甜心"
和"红宝石"——我的德国牧羊犬和最大的支持者；洛伊斯和苏西——
我的合作者；我圈子里的其他同事，比如讲座和会议讲师；还有我的客
户，也就是付给我钱的人。在本章中，我会把重点放在最后这一组上，
特别是在工作中有合作的人。

用望远镜看萨提尔的问题

就像用镜子的时候一样，我也用望远镜来寻找萨提尔的三个普适问题的答案。

- ❑ 他们是怎么来到这里的？（过去）
- ❑ 他们在这里感觉如何？（现在）
- ❑ 他们希望发生什么？（将来）

让我们看看这些问题是怎么让我在一家公司走对第一步的吧，哪怕一开始的引介就不对劲。

在我到达公司后不久，我的客户伊莎贝尔自己先说了一句："我们以前也请过不少顾问，不过没一个管用的。"这种话我以前也听过，它还一度会让我心怀戒备。幸运的是，这一次我已经学会了应用"帮助模式"，并认为伊莎贝尔是想要帮我。把自己摆到了这样的位置上之后，我就只是问了问自己："这话是什么意思？我应该怎么做呢？"让我们来看看萨提尔的三个问题是怎么帮到我的。

他们是怎么来到这里的（过去）

我有一些常用的问题来了解客户的过去。在伊莎贝尔指出先前顾问的问题的时候，她就告诉了我其中一些答案。

- ❑ 伊莎贝尔是自愿来到这里的，还是我逼她来的？还是别的人，比如她的老板逼她来的?

□ 她在这份工作上的经历如何? 她有哪些知识是值得我利用的? 她对于这项工作的性质有哪些先入为主的判断?

□ 她先前的个人或文化经验会不会影响她的工作方式? 或是和我相处的方式?

□ 她先前和我或其他顾问相处的经验如何? 这些经验会导致她有什么样的偏见?

这些都不是表现不好的理由,而是要和伊莎贝尔良好合作所需要考虑的因素。

他们在这里感觉如何(现在)

这回多亏了伊莎贝尔,我立刻就了解到这家公司"以前也请过不少顾问,不过没一个管用的"。很显然,伊莎贝尔觉得这句话非说不可,不过我不明白为什么在我们刚刚开始接触时就提出来。为了搞清楚这一点,我问了自己一些关于现状的问题。

□ 伊莎贝尔对于这项工作有什么保留意见或是不好的预感吗? 还是对我有这种感觉? 我们做这项工作会不会和她想做的别的事情有冲突?

□ 她很愿意来到这里吗? 她盼望着和我一起合作吗?

□ 如果我接下了这个活儿,她是不是清楚自己需要做什么?

□ 她的自尊心会怎样呢? 她是觉得能够把控局面、实现个人目标,还是会觉得无助?

□ 不管她感受如何,她的心态能够帮助我成功完成这项工作吗? 如果不行，我要采取哪些步骤来帮助她调整心态？

我寻找这些信息的做法常常是问："你对我做这套东西有什么看法？"以下就是我在另一个顾问失败后接手时，不同的人给我的一些回答：

> **亚伦**："你没希望的，我也犯不着浪费时间来帮你。"
>
> **邦妮**："要想这次不重蹈覆辙的话，你得靠我帮忙。"
>
> **卡特**："我不是针对你个人，不过这无非又是那套什么管理愿景之类的，雷声大雨点小。"
>
> **达琳**："我还挺激动的，你和以前来的那些顾问都不一样。这次我们的顾问真的会帮我们搞好的。"

所有这些回答都充满了有用的信息，让我可以用不同的方式和每个人合作。

他们希望发生什么（将来）

在和伊莎贝尔合作之前，我必须知道这第三个问题的答案。

❑ 伊莎贝尔为什么同意和我合作来做这个工作呢？以前的经验？挑战？还是怕她的老板？

❑ 伊莎贝尔眼中的成功是什么样的呢？和我的成功标准一致吗？是不是因为先前的顾问解决了她没能解决的问题，让她看起来很失败？

❑ 她希望我在这项工作上做多久？我能一直待到最后吗？如果客户想让项目延长，伊莎贝尔是会笑还是会哭？

为了找到这些问题的答案，并回应伊莎贝尔对先前顾问的评论，我想起了我对亚伦、邦妮、卡特和达琳说过的话。说这些话的时候，我都假定他们真心希望有些事情能改变，但我知道每个人对于我的参与感觉不一样。我试图用他们的回答来引出讨论，从而了解他们希望发生什么：

> 亚伦说过："你没希望的，我也犯不着浪费时间来帮你。"我说："我能理解你的感觉。我尽量不浪费你的时间，但要是我有什么帮你节省时间的办法，你愿意听听吗？"

> 邦妮说过："要想这次不重蹈覆辙的话，你得靠我帮忙。"我说："太好了！你觉得你能怎么帮助我呢？"

> 卡特说过："我不是针对你个人，不过这无非又是那套什么管理愿景之类的，雷声大雨点小。"我说："确实，我自己也见过那些声势浩大却白费工夫的项目。我个人觉得有一点点小的转变才能累积成大的转变。你愿意和我一起做一些能帮到你的小转变吗？然后我们再来看看这次是在浪费时间，还是可能有所改观。"

> 达琳说过："我还挺激动的，你和以前来的那些顾问都不一样。这次我们的顾问真的会帮我们搞好的。"我说："承蒙谬赞，谢谢。你觉得我和别人有哪些不同呢？你觉得这会有什么帮助呢？"

了解到对方的"全局"之后，我就不再觉得摸不着北了。现在我已经摆好了自己的位置，开始规划和每位客户良好合作的方法了。

回应模式

在我演示如何使用望远镜时，常有初出茅庐的顾问问我："你是怎么当场想出这些回答的？我读到的时候觉得它们挺有道理，可是在那个点上我经常脑子一片空白。"

我的回答是有一个模式的，下面会讲到。可是你要把它当成公式，那就不管用了。

首先，因为我得保持创造力才能用好这个模式，所以我要做的第一件事就是给自己定心。我会用到"镜子"，还有第 12 章会讨论的"陀螺仪"。

接下来，我会找到一种方式来体察对方话语里的感情色彩，将自己和对方的情感状态连通。我是从第二个普适问题"你在这里感觉如何"中学到这个感情色彩的。

之后，我会去考虑内容——对方想要发生的事情，从而决定自己可以采取什么步骤来接近对方想要的状态。

我们会反复看到这个模式。我是从合气道①——聚合能量的艺术里学到这个模式的，叫作"定心－进入－扭转"：

1. 首先，给自己定心；
2. 其次，进入对方的情感体系；
3. 第三，解决问题，扭转局面。

如果你跳过了第一步，就没法进行第二步。如果你跳过了第二步，也就是望远镜，第三步通常会失败，除非你是碰巧进入对方的体系的。

---

① 有关合气道的更多知识，请参阅 J. Stevens, *The Secrets of Aikido* (Boston: Shambhala, 1995).

望远镜聚焦清单

定心–进入–扭转的模式听起来挺简单的。同样道理，望远镜的使用也相当直观明了。不过就像望远镜可能会失焦一样，我们真正去观察和聆听他人的能力也可能会有偏离。萨提尔有一张清单，列出了让我们在观察他人时偏离重点的东西——我们可以纠正的东西，就像如果你知道该调哪个钮，就可以重新让望远镜变得清晰。她把这张清单叫作"和我在一起的是谁——是你，还是我眼中的你"。我以她的清单为基础，再加上几条，形成了我的望远镜聚焦清单。它包含以下应当检查的东西。

1. 定心。我的思维方式如何？我意识到自己的精神和情感过程了吗？我是不是全心关注当下？我的情感和身体状态如何？有没有什么不适让我分心？有没有什么疼痛把我的注意力从对方身上引开？可能我的膀胱正告诉我现在应该去另一个地方呢。

2. 环境。现在这里到底有什么？我进行观察的时候，环境条件如何？我们做这件事情时，整体状况如何？我是否在看/看到、在听/听到、在触摸/感觉到这里真正存在的东西？还是我在回忆其他时刻、其他地点或是其他人？我是否有某种期待、预感或希望影响了我的观察？

3. 记录。给这个人照相会是什么样呢？我看到听到的东西，和一台摄像机记录的、没有任何阐释的描述一样吗？

4. 相似。我给这个人戴上了谁的印象？他/她让我想起了谁？比如，她的声音像我的前女友，他的鼻子和我的狗一样，她穿得像维多利亚女王，他砸桌子的样子就像赫鲁晓夫。

5. 投射。这些想法和感觉是真的来自对方，还是我把自己的想法和感觉投射到了对方身上？我是不是问了诱导性的问题，让自己有更大机会得到预料中的答案？

6. 归类。我用了哪些分类？换句话说，我把这个人划进了哪些预设印象的类别？"高个女人都盛气凌人""印第安人狂野不羁难以捉摸""清教徒对天主教徒都有成见""戴厚眼镜的男人是好爱人"。就算这种脸谱化印象一般都成立，在目前的关系中它有根据吗？

7. 读心。我觉得对方在想什么，特别是我觉得她怎么看我？我是不是更关心对方怎么看我而不是对方在想什么？我是不是要提醒自己，对方根本不会觉得我不好？我常常最担心这一点，它很容易扭曲我的感官。

8. 历史。我和对方打过交道吗？有过的话，是好是坏？过去的经验适合此时此地吗？他曾经在餐厅里被绊倒，把辣椒鸡汤灌了我一脖子这事儿和现在真的有关系吗？

9. 道听途说。我这次带来了哪些第三方的消息？别人告诉过我什么，是好是坏？是小道消息吗？哪怕是漂亮的故事呢？有什么理由让我不能直接去检验，而是非得依赖这些不知道靠不靠谱的二手信息？

10. 分享。我愿不愿意与对方分享上面这些项目？我觉得自己有权说那些说不出口的东西吗?

一旦有什么事情不对劲,我就会看看我的望远镜聚焦清单,调整我们的互动,让它重新聚焦。我会用"数据问题"问问自己:

我看到或听到了哪些特定的东西让我对这个人产生了这样的印象?

一旦发现不是对方有问题,而是我自己的原因,我就会提出来。

可我能提吗? 某种意义上说,第 10 条"分享"是最重要的。如果不愿意或者不能够分享某些东西,我怎么能看清自己的"全局"呢? 为了让我的望远镜保持聚焦,我每次都会最先看看这最后一条。

第 11 章

鱼眼镜头

　　围绕着成功与失败的经验教训，高效行为的模式变得错综复杂，公司的常态成了一个戈耳狄俄斯之结。……每个新政策都给毛团又加上一根毛。毛永远都不会减少，只会增加……毛团变得庞大无比。

　　　　　　　　　　——戈登·麦克肯西《环绕大毛团》[1]

---

[1] Gorden MacKenzie, *Orbiting the Giant Hairball - a Corporate Fool's Guide to Surviving with Grace* (New York: Viking, 1996).

鱼眼镜头代表看到环境的能力。环境围绕着我们每个人，并在我们一起工作时影响着我们。它是我的第三件视觉工具：镜子帮助我审视自我，望远镜帮助我了解他人的角度，而鱼眼镜头则让我看到所有人观点的融合。对于喜欢听觉词汇的顾问来说，对应的工具可以是录音机、助听器和全向麦克风。鱼眼镜头提醒我去使用许多自己已有的观察和分析工具，很多工具我在书里写过，可在自己最需要的时候却想不起来了。

伊莎贝尔最初的暗示

还记得伊莎贝尔吗？她在我到公司后不久就主动和我说："我们以前也请过不少顾问，不过没一个管用的。"我记得她，不但如此，每次我来到一个新的咨询环境时，她就浮现在我的脑海中，因为她提醒我：

你永远都不是从一张白纸开始。

我把这个小小的提醒叫作"伊莎贝尔最初的暗示"，它敦促我拿出鱼眼镜头观察周围的一切。

为什么我需要提醒呢？因为要是有的挑，我宁愿在一张白纸上做咨询。这样我就可以先定心，再进入，然后开始调调这儿弄弄那儿，永远都不会因为我的介入引起任何意想不到的副作用。我也用不着为这家客户量身定制，因为它也没有什么历史问题嘛。

好吧，这是在做梦，有时候也叫作"绿色原野幻想"，就是说要是总能找到一块绿色的原野，干干净净平平整整，只长着三叶草，那盖房子就容易多了。从来，从来都没有这种好事。我需要鱼眼镜头来告诉我，为什么这块地、这个客户、这个环境和我曾经见过的或是将来遇到的都不一样。

无可避免的纷繁特殊性定律

好吧，可能并不是每个客户都和别人完全不同。鱼眼镜头提醒我，既然有些东西是不变的，那我在观察环境方面算是占了先手。在我的镜头袋里面，有一套叫作"一般性系统思维"的镜头特别善于观察这些固定的部分，它们是在任何环境下都存在的一组定律。

比如说，（迄今为止）我所有的客户都是人类，都有大脑。不仅如此，他们还都面对着无比复杂的系统，要想搞清楚哪怕一丁点，都得先简化一下。就此而言，大家都受我们前面提过的"团块定律"所左右，这条非常强大的一般性系统限制源自于我们自身的思维局限：

要想学会一件事，就不能什么都学。[①]

在计算领域，我们用某些数学变换来简化计算。这些变换背后的思想在于，某些运算比其他运算更强或更困难，也就是说它们需要更强大的计算能力，或者更多的计算时间。通过变换问题，我们就有可能减少解决它所需的工作量。确实，我的客户们也做着同样的事情：他们并不是直接处理自身环境中的原始数据，而是使用经过变换的数据，也就是

---

① 《系统化思维导论》，温伯格著，即将由人民邮电出版社出版。

经过简化的数据。这可能会帮助他们成功地运转，却可能并不能让我获得简化操作背后的数据。因为我们每个人都有自己看待世界的方式：

对某人有利的，也许对他人有害。

或者更好记的方式：

甲之蜜糖，乙之砒霜。

我把这个叫作"无可避免的纷繁特殊性定律"（Law of Unavoidably Messy Peculiarity，LUMP），因为它是团块定律（Lump Law）的推论。顾问受到这两个"LUMP"的约束，不过还是有办法避开它们：这可是咨询的真正奥秘之一。要想解释清楚，就得先讲一个我年轻时的故事，尽管我不愿意透露我都老掉牙了。

优秀咨询第一定律

我上大学那会儿，学校里面根本没有电脑：实际上那时候全世界一共也就三四台。不过那时候有"计算员"，我就是其中之一。物理系付我一小时 90 美分，用纸笔和笨重又吵人的 Friden 机械计算器做那些冗长、累人又乏味的运算。Friden 计算器还算能帮上忙，因为它做大型乘法只要叮铃桄榔几秒钟，我用纸笔得算上好几分钟。尽管如此，每次算下面这种式子都需要一阵子：

$B = 3 \times A$

我会把它转变成一种比较弱的形式：

$B = A + A + A$

虽然这样的话加法需要做两次，而乘法只做一次，但我做这两次加法比 Friden 做一次乘法还要快。

类似地，这个式子：

$B = A^3$

可以转化为

$B = A \times A \times A$

算两次乘法比算一次乘方要容易得多。事实上，要是没有对数，不管是 Friden 还是我都搞不定。

对数背后潜藏的想法是把乘法运算"简化"为下面的步骤：

- ❏ 查 A 的对数；
- ❏ 查 B 的对数；
- ❏ 把两个对数加起来；
- ❏ 查和的反对数。

我高中那会儿，别说计算器，连 Friden 都没有，因此学校就教我们这种吓人的算法。Friden 让乘法变得几乎像加法一样方便。如今计算器处理能力已经大幅提高，算乘方与乘法、加法一样简单。没人再教这种对数变换了，因为即使要算乘方，也犯不着用对数，只要有计算器就好，哪怕是街角加油站或是银行白送的那种都行。如今那些自以为了不起的毛孩子根本不知道自己有多幸运！就算是在最伤春悲秋的怀旧时刻，我对于对数也没有丝毫的挂念。

有了电子计算器和计算机，我们用不着专门去做这些简化变换了。但人脑——当然我的脑子也是——它的推理能力还是比较固定的。对有些人来说，图画比文字要好理解得多，那把一组数字变成一张图就是一个简化操作。可有些人看图从来都抓不住要领，却能很快理解具有同样信息的故事。有些人就喜欢原始数字，或是比喻、图片和公式。有些人觉得容易的，另一些人就觉得难。

从很多不同人那里收集信息时——这是我了解环境时常做的——我就得备好各种可能的简化变换：

- ❑ 文字到图片
- ❑ 图片到文字
- ❑ 数字到比喻
- ❑ 比喻到图片
- ❑ 图表到故事
- ❑ 故事到数字
- ❑ 文字到三维实体模型
- ❑ 文字到公式
- ❑ 概念到例子
- ❑ 例子到概念
- ❑ 公式到图片
- ❑ 公式到数字
- ❑ 数字到图片
- ❑ 数字到文字
- ❑ 文字到行动或演示

- ❑ 行动到图片
- ❑ 行动到公式
- ❑ ……

这些变换都是鱼眼镜头的一部分。我把它们看成各种滤光镜。我时刻准备着使用任何一个滤镜，只要是能够简化问题，让我的客户使用自己喜欢的思维形式。我还学会了把滤镜一个个安在鱼眼镜头上，试试哪个用起来最简单。

换滤镜是要毅力的。还记得锤子定律吗？它提醒我去测试不同的滤镜：

圣诞节收到一把锤子的孩子会发现所有东西都需要敲打。[1]

随便哪个摄影师都会告诉你，滤镜用锤子是敲不好的。可有时候我实在理解不了客户，我就开始拿一种且仅拿一种滤镜乱套。这就是糟糕管理第一定律，或者你愿意的话可以叫作糟糕咨询第一定律：

不管用就多试几次。[2]

我那配了一盒子滤镜的鱼眼镜头帮助我记得不要变成糟糕的顾问，至少不是这一种。反过来，我会使用"优秀咨询第一定律"：

不管用就试试别的。

你可以将这视为我们在第 4 章看到的马文第四大秘密的源头：

---

[1] 《咨询的奥秘》第 63 页。

[2] Gerald M. Weinberg, *Quality Software Management, Vol. 1: Systems Thinking* (New York: Dorset House Publishing, 1992), p. 62.

不管客户在做什么，告诉他们做点别的。[①]

唐氏偏差推导

客户给出的"原始数据"实际上是有点儿问题的，我上过好多次当。和我一起写过两本书的同事唐纳德·高斯设计了一种做法，能发现经过修饰的数据：有次唐纳德对着一大批听众演讲，他让听众从 0 到 100 随机选一个数。把大家的选择列出来之后，他总是能发现，0 和 5 结尾的数字特别少。很显然，人们的选择根本不随机，而是受到了偏见的影响，觉得比较"整"的数不是随机的。

听众们大概知道，要是你报税表格上所有数字都以零结尾，税务审计员就会发现，并认为这些数字有假，因为整数"不可能是随机的"。可报税表每年都数以百万计，随机也总该有一些表格里有好几个数字是以零结尾的。

我听说，有一支探险队测量了珠穆朗玛峰的海拔，得到了 29 000 英尺的数字。因为这看起来像近似值，他们把数字改成了 29 002 英尺。虽然不太准确，却更可信。

换言之，这个世界（常常）并不那么匀整。所以在试图观察环境时，我就会用到唐氏偏差推导：

要是太过规则，那就不是观察，而是构造。

把世界修饰一下并没有错。在我想要看到的整体背景中，人们感知世界的方式本身也很重要。但是我更希望超越他们的人为构造，看到背

①《咨询的奥秘》第 48 页。

后的数据偏差。

举个例子，有个客户遇到很多安全入侵问题，他们的安全总监福里向我保证说："每个人都至少每个月改一次密码。"可"每个人"这个词在我听来有点太漂亮了，于是我就问福里："你怎么知道？"

这问题似乎有点让他不高兴，不过他还是像对小孩子一样解释道："哦，你可能不知道。如果你有一个月不换密码，系统就不让你登录，你必须选个新密码才行。这儿每个人都知道。"

"哦，不好意思。不过你能明白我为什么不知道。"我说。福里觉得这样就成了，可我不这么想。根据唐氏偏差推导，这太一概而论了。我非得搞清楚不可。

我就"系统锁住时你会怎么办"采访了五个人。一个人说他有俩密码可以每个月换着用。另一个人说自己有 12 个密码，从 1 月到 12 月，正好每个月用一个。其他三个人用的都是一套方法：一旦被系统锁住，就先改一个很简单的密码，然后再立即把它改回自己一直用的那个密码。

福里对于这些不符合他的简单构想的结果大为不满，想让我告诉他这五个人都是谁。我问他为什么想知道，他说："这样我就可以让他们的经理命令他们每个月真的换密码！"

看来，福里的想法比我当初估计的还要根深蒂固得多。显然，他相信虽然人具有纷繁的特殊性，但还是可以用机械手段强制人们去做一些规定得好却很不方便的事情。而且，他相信就算机械手段不能强制，经理还是可以强制员工恰当地使用这套系统，哪怕经理要执行这一规则的唯一办法就是要知道自己下属的密码，可这样整套体系就完全没意义了。

最后，他相信我采访的那五个人就恰好是仅有的五个不肯每个月真正换密码的人。

归根结底，福里还是让我了解了不少他们公司的环境，还有安全经理构想世界的方式。当然，我想不是所有安全经理都和福里想法一样。有没有这种可能呢？

（不）分离变量法

一概而论只是我的客户在试图简化环境时变得"纷繁特殊"的方式之一。第二常见的简化手段可能就是一概而论的反面——把一件事分成几个相互独立的部分。科学家把这个过程叫作"分离变量法"。

为了解释方便，假设病人肺里有一百万个细菌。有一个变异的细菌可以抗链霉素（S），还有一个抗异烟肼（I）。如果给病人 S 药，除了那个可以抗 S 的变异细菌外其他所有细菌就都被杀死了。虽然用了药，它还是可以繁殖，最终我们就有了新的一百万个抗 S 的细菌。在这些新细菌里，可能会随机出现几个抗 I 的变异细菌。如果我们现在换成了 I 药，很快就会发现病人被这具有双重抗药性的细菌感染了。如果 S 药和 I 药双管齐下，就能将自然出现双重抗药性变种的几率降到一万亿分之一。①

换言之，为了解如何打败病菌，科学家把这个叫作"病菌"的谜团分成了 S 和 I 两团。然后他们把两种药物组合起来进攻这些小生物，以防止它们出现变量分离。从效果上看，他们把"无可避免的纷繁特殊性定律"用在了可怜的病菌身上，把它们消灭殆尽。科学家的胜利就是病

---

① 更多关于与病毒斗争的内容，请参见 M. Burnet and D. O. White, *Natural History of Infectious Disease* (London: Cambridge University Press, 1972), p. 220.

菌的末日。

那么，如果我要给别人（比如想要入侵计算机系统的黑客）制造难题，最好先看看人脑是怎么解决问题的。我可以通过避免分离变量来制造难题。比如，为了防黑客，我可以弄出一套锁，而且必须把它们同时打开才能进入系统。我的客户们也会不自觉地这么做，（我希望）并不是为了给我出难题，而是为了自己方便。但这还是让我费了很大力气，有时候让人感觉他们似乎就是成心要把自己"锁起来"不让我看。

我利用鱼眼镜头来提醒自己那些用来了解环境的工具，很多都是我在《咨询的奥秘》一书中谈到过的。现在回过头看看它们，很容易就发现很多都属于分离变量的方法。比如"斯巴克斯解决问题定律"：

你越接近找出造成问题的人，解决问题的机会就越小。[1]

就像棱镜可以把白光折射成一系列的颜色，斯巴克斯的定律帮助我把客户合在一起的两个变量分开。就教会我这一定律的那个例子而言，真正的问题就和该怪罪到谁头上混在一起了。另外还要注意，如果需要反复使用斯巴克斯定律，那我可能就会发现环境中的另一面——这个组织已经沉溺在相互指责上面了。

《咨询的奥秘》中谈到的其他原则也帮过我分离变量。比如，我警告自己"要温柔地对待能够自愈的系统"[2]。这提醒我要把诊断和治疗分开，先做好一样再来考虑另一样。

还有一个例子也可以直接用来了解环境："在现状中寻找你喜欢的

---

[1]《咨询的奥秘》第71页。
[2]《咨询的奥秘》第46页。

东西并加以赞美。"①这提醒我客户常常会把好的坏的都堆在一起，对好的视而不见。通过赞美，我就用一种新的方式帮助客户（还有我自己）把变量分离开来。

这让我想到客户已经把变量分离好的那些情况——有可能是为了他们自己方便，但一般是为我而做的。帮助定律（"不管看起来是什么样，每个人都是想帮忙的"）提醒我注意，对方把所有人都划分了敌友，这对于解决问题可能没什么好处。

背景障眼

既然所有这些工具我的客户们也都能用，那为什么看到这个大毛团这么难？为什么他们不往自己周围瞧瞧呢？——问题在于，环境一直在那里，不断刺激他们的感官。有种心理学现象叫作适应——对于反复刺激，反应会越来越少，于是他们对环境就变得视而不见了。用通俗的话来说，这种现象叫作"背景障眼"：

鱼儿总是最后一个看见水的。

适应能消除环境中的不变量。它可能在几乎所有的复杂系统中发生，不然这些大多数时候都没多少信息量的感知数据就足以把系统压垮了。适应能把不变量统统归结为"永远都是那个样子所以我不用在意"的一类。

当新的东西首次在环境中出现的时候，我们会受到很大刺激。但它呆在那儿一段时间之后，看起来既无害也没什么好处，我们（不无意识

---

① 《咨询的奥秘》第 72 页。

地）就把它归为恒定环境模型的一部分。我们的注意力适应了它，现在反倒是把它拿走才会激起我们的兴趣。

将人们适应了的刺激物拿走的一个惊人事例是萨蒂亚吉特·雷的电影三部曲中的《大树之歌》①。阿普得知妻子的死讯后，倒在床上，一连几天都动弹不得。雷描绘了他倒在床上的这种状态，直到闹钟突然不走了，阿普才从这种昏睡状态中惊醒过来，开始踏上恢复之路。但真正的冲击力是对观众而言的——他们也已经适应了闹钟的滴答声。当然，观众压根就没有意识到这个滴答声，直到寂静突如其来。

同样的道理，我的客户们也已经适应了日复一日的工作环境，一般来说只有在改变的时候才会意识到。因此，他们并不是了解环境的最佳信息来源。他们已经适应了环境，他们是鱼，环境是水。

前景幻想

背景障眼还直接引发了另一种偏差。适应了环境中平常的东西，人们就自然而然地倾向于注意自己还没有适应的东西。我把这个叫作"前景幻想"：

鱼总是第一个注意到空气的。

确实，特殊事件往往是把我请过去的直接原因——系统崩溃，项目没搞出能用的产品，一个（或者两个、十个）员工撂挑子了，胆小鬼到处叫唤着天要塌下来了，等等。先不管这个威胁看起来有多么像真的，

---

① *The World of Apu*, 117 分钟, Satyajit Ray Productions, India, 1959.

汤姆·克拉姆对"恐惧"①的定义——"把幻想当成了现实"起了作用，然后他们就开始像离了水的鱼一样使劲扑腾。一般我就是在这个时候被叫过去的。

幸好，作为外部顾问，我才是那条跳出了日常水域的鱼，鱼眼镜头就成了我观察背景和前景的理想工具。我有了这种观察，也许就能安抚那些太激动的，唤醒那些太麻木的。

五分钟法则

即使我的客户注意到了周围的环境，他们会有很多观察上的偏见，当然我也会有。我记得《时代周刊》的世纪巨人阿尔伯特·爱因斯坦有这样一个故事：

> 爱因斯坦 1944 年至 1948 年的助手恩斯特·斯特劳斯讲过一个和爱因斯坦一起找曲别针的故事。他们找到一个压弯的，需要一个工具来把它弄直。他又找到一盒新的曲别针，爱因斯坦就拿出一个，把它扭成一个工具把原先那个弯的弄直。斯特劳斯随后指出这做法太可笑了，爱因斯坦说："一旦我瞄准了一个目标，想让我转向就没那么容易了。"

我喜欢这一类爱因斯坦的故事，听起来让我觉得自己真聪明啊。我是个顾问，一般都是有了问题才找我，而这就意味着我的客户就和爱因斯坦一样，常常过分关注于解决一个问题。这样他们就没能看到环境中相关的

---

① FEAR = Fantasy Experienced As Reality. Tom. F. Crum, *The Magic of Conflict* (New York: Touchstone, Simon & Schuster, 1987).

东西。他们常常就和故事里说的一样，手里拿着解决方案却没看见。

五分钟法则就是从这儿来的。我在《咨询的奥秘》里面写过这个规则，不过这里还是值得再说一下：

客户永远都知道怎么解决自己的问题，并且会在头五分钟里讲出来。[①]

之所以值得再说一遍，是因为没有经验的顾问往往没法相信这条法则。面对一大群活蹦乱跳的鱼，他们自己都应接不暇，以至于顾不上调整自己的鱼眼镜头，没能发现客户像爱因斯坦那样手里握着解决方案却视而不见。

萨提尔的三个普适问题

那一开始要怎么搜集关于环境的信息，才能去掉所有这些偏差呢？一种方法就是萨提尔的三个普适问题，只要考虑到整个组织和所有人员，稍稍改动一下就行了。

- ❑ 他们是怎么来到这里的？（过去）
- ❑ 他们在这里感觉如何？（现在）
- ❑ 他们希望发生什么？（将来）

如果你看过《咨询的奥秘》，就会认得"他们是怎么来到这里的"实际上就是伯丁追溯原理背后的普适问题：

[①]《咨询的奥秘》第 83 页。

事情是一步步变成现在这样子的。[①]

你还可能认出"他们在这里感觉如何"出现在"布朗的天才遗产"中：

语言经常很有用，但听听音乐总有好处，特别是你自己内心的音乐。[②]

"他们希望发生什么"常常不太容易了解，因为每个组织都有其"官方"渴求，但这很少能够准确说明人们真正希望发生什么。

下面就是一些帮助我了解大环境的全局问题，这让我着手处理任务的方式有了翻天覆地的变化。

他们是怎么来到这里的（过去）

熟悉环境的发展历程能让我更好地了解环境。我总是记得下面这些问题。

- ☐ 我能拿到组织的历史吗？它是官方的"正史"吗？如果是，它和我听到人们口耳相传的"野史"有什么不同？

- ☐ 他们以前请顾问的经历如何？他们是通过什么流程选中我的？这里一般是这么做吗？

- ☐ 人们一般会在这个组织里干多久？他们在同一个职位上会做多久？他们来这儿之前都是做什么的？

- ☐ 这是个营利性公司吗？如果是，过去的赢利能力如何？如果非营利性组织，创建这个组织的目的是什么？

---

① 《咨询的奥秘》第70页。
② 《咨询的奥秘》第106页。

他们在这里感觉如何（现在）

只要四处转转，见几个人，对其工作和所见所闻保持友好而好奇的态度，我就能对环境的这个方面看个八九不离十。当然，如果请我来的人不想让我四处去调查，这本身告诉我的就比我转悠好几天所得的还多。我会记得类似下面的问题。

- ❏ 我见到的人显得急切吗？高兴吗？友好吗？
- ❏ 他们喜欢周围的环境吗？他们安排工作空间的方式让我找到了什么样的证据？他们是不是愿意展现个人生活，如果是的话，他们展示什么，不展示什么？
- ❏ 他们在哪些方面展示出专业精神，如何衡量它呢？我看到了培训证书吗，如果有，他们愿意炫耀哪些培训呢？他们把东西理得并并有条吗？他们是不是把东西摆得一丝不乱，看起来就像是怕被别人说工作台乱七八糟？
- ❏ 人们是不是搞不清组织期望自己干什么？他们的头衔有意义吗？他们使用自己的头衔吗，如果是的话，是怎么用的呢？作为荣誉勋章？还是试图迫使别人尊重自己？
- ❏ 他们相信自己吗？他们是否觉得有权做决定，并得到组织的支持？
- ❏ 他们的心态能不能帮助他们成功？如果不行，怎么才能让他们有正确的心态？

他们希望发生什么（将来）

我会用下面这些问题。

- ❏ 他们为什么要找顾问呢？为了确认自己已经确定的事情？为了顾

问的专业技能？为了找替罪羊或是找安全感？

❑ 他们眼中的成功是什么样的呢？

❑ 他们希望我呆多久？

❑ 和我一起在这个项目上工作的人是怎么选出来的？他们觉得自己
　有选择吗？如果有，为什么选择来呢？为什么选了他们来呢？有
　多少人想来而没有被选中呢？平常是这样选人的吗？

❑ 组织眼中的成功是什么样的？他们能给出先前成功的例子吗？不
　成功的例子呢？他们能解释为什么认为成功或是不成功吗？

❑ 他们为什么害怕？他们看起来是对我隐瞒了什么吗？我问起的时
　候他们作何反应？

疑眼镜头

尽管我可以克服很多让客户无法看到周围环境的偏见，但我也需要
看看自己所处的环境。在我寻找关于环境的信息时，我总是让我的鱼眼
镜头再配上一个"疑眼镜头"，专门用来找可疑的东西。它的工作原理就
是我所谓的"对不一致的洞察力"：

语言和音乐不搭配的时候就指出了一个缺漏。[①]

写了《咨询的奥秘》之后，我收集了很多关于组织环境中不一致的
例子。下面就是几个例子。

---

① 《咨询的奥秘》第 105 页。

- 一家大型技术公司在同一天推出了两个新计划：1. 随机毒品测试计划和 2. "个人尊严提升"计划。

- 一家电讯公司启动了一个"杰出贡献奖励"计划。每个月，高管给获奖者颁发匾牌时都会拍照，照片展示在餐厅入口处的醒目位置。在照片的文字说明里，杰出贡献者的名字是 12 磅正常字体，而高管的名字则是 18 磅粗体。

- 一家保险公司为员工购买了笔记本电脑以备旅行时使用。经理们担心电脑被偷，于是想出了一个聪明的办法：将笔记本电脑用螺栓永久性固定在员工的桌子上。

- 一家咨询公司认为需要提升员工的士气。他们进行了一次"匿名调查"，但"出于控制目的"坚持要求每个员工将识别号写在调查表上。

- 一家货运公司进行了重组以便确定职责并明确目标。管理层决定命令每个部门建造一辆彩车进行"质量游行"来传达变更。

- 一家电讯公司的一位经理希望在自己的部门中强化"团队"的概念。他开了个会，告诉组建的"团队"从今天开始他随时会拿着棒球棒，而每位团队成员在工作时都要拿一个棒球。有些团队成员想了个法子把棒球挂在脖子上，这样就不用拿着了。另外一些人则想着从经理手里把棒球棒夺走再好好用一下。

- 另一个相关的例子是经理在办公室里面挂了条鞭子。他说这是领导力课程的纪念品，并让他想起了课程的主旨——个人能动性。

- 一家公司决定不加薪，改为如果七个公司目标能够满足五个就发奖金。到了年底，员工被告知七个目标只完成了四个，所以没有奖金拿了。没满足的目标之一就是"员工士气"。

我把这些例子叫作"言行不一"。当言语中的信息和行动中的信息冲突时，猜猜别人会听到哪个吧——那才是组织环境的真相。

当然背景背后还有背景，因为我向这些经理指出时，大多数经理根本看不出矛盾的地方在哪儿。这本身就说明了这些公司的管理背景。

当然也可能经理撒谎了，这种不一致是成心的。如果是这样，我就可以应用"逆镀金法则"：

所有假的东西都得改正。[①]

为了迅速找出这些言行不一的信息，我会问问公司愿景、公司简报以及新闻稿之类的东西。我会看看那些符合或者不符合公开声明的行为。不管怎样，对于我将要开展工作的地方，我的疑眼镜头都能揭示出重要的环境信息。

扭曲信道疏通器

鱼眼镜头比喻的是我用来感知工作环境的通道，但不管是实际存在的还是比喻中的通道，它们都得很干净才行。我来举个好玩的例子吧。

> 在位于新墨西哥佩科斯的小木屋中，一条细细的电话线穿越群山将我们同世界连接起来。几年前，我们有个很诡异的问题，就是电话总是拨错号。我们有几个分机，全是这一个毛病。于是

[①]《咨询的奥秘》第 60 页。

我琢磨着不是电话有问题，而是线路有问题。

我试着打电话来修，但因为电话拨错号，总是接到查号台。我试着告诉接线员我的电话总是拨错号，然后她就告诉我应该打给修理部。在折腾了几个来回之后，我放弃了，开着吉普车下山走了十英里，找到了电话公司，总算可以和经常来我们家的修理工德鲁面对面说说我的问题了。

德鲁还是一如既往地热情又愿意帮忙。不过他显得很疑惑，"为什么你不直接打那个维修电话呢？"他问道，"这样你就省得跑一趟了。"他似乎还没看到通信系统自身添乱的问题。

德鲁的反应并不怎么让我惊讶，因为在人际交往中发生这种事情的时候（常常还不为人注意），人们很少能够搞清楚出了什么事。我把这种问题叫作"扭曲信道之谜"。用"扭曲信道疏通器"可以把它弄通：

如果你收到的信息没法理解，先看看信道是不是通畅。

换句话说，我得把我的鱼眼镜头擦干净，不然就没法知道自己看到的世界是真实的还是被镜头扭曲了的。如果我十分坦率，就可以通过对方来调试被扭曲的信息，就像为调试软件提供一个恒定的环境，不过这里的测试环境是我自己。

在不联网的计算机系统中，要创造一个一致而干净的测试系统比较容易。类似地，在人与人的沟通中，书信比较容易进行连贯而清晰的交流，因为你有时间来考虑，把矛盾的地方去掉。当然，代价就是如果有矛盾的地方，就不像实时交流那样很快有反馈来纠正它。电子邮件的反馈当然比较快，可有时候又太快了。如果在线聊天或者面对面谈话，要避免不知不觉产生的信息扭曲就相当难。

不管什么环境下，我都尽可能地让自己保持一致，试图保证看到的东西不是被我自己的矛盾所扭曲的事实。

这也就是我需要陀螺仪的原因，陀螺仪将在下一章介绍。

第 12 章

陀螺仪

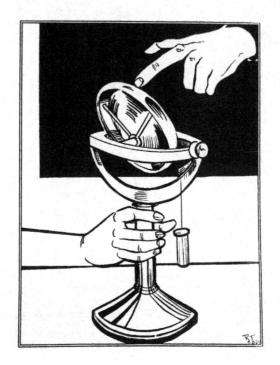

哪怕只有一只鞋不合脚，你也会一瘸一拐。

——佚名

陀螺仪代表了保持平衡、利用所有工具、保持集中一致的能力。[1]我需要这种平衡，才能有效利用我所有的工具。这对我来说还有一层特殊的意义，因为我的第一个陀螺仪是我父亲送给我的。我至今还惊异于它保持自我平衡，并在受到扰动时恢复平衡的能力。有时我会觉得陀螺仪对于个人工具箱来说太复杂了，不过我随后就记起，恢复生活的平衡确实很复杂，而我却必须时时去做。

生活平衡与身心协调

平衡之所以复杂，一个原因是因为存在两种平衡：大的平衡（生活的平衡），还有小的平衡（每次互动中行为的协调）。没有生活的平衡，你就很难在每件小事之间保持协调。而没有小事之中的协调，要想达到生活的平衡也很困难。

我的工具箱中，代表平衡生活的标志是氧气面罩，因为没有均衡的呼吸，生命就不复存在。氧气面罩我会在第 15 章中讨论。对于小的平衡，或者说协调的互动，我的标志是陀螺仪。在这一章中，我会着重谈谈协调，也会提到后面氧气面罩一章中的内容。自然，到了那一章我也会回顾这一章，因为生活平衡与身心协调只有在书本里才会分开。

---

[1] 本章中的一些内容可见于 *Quality Software Management, Vol 3: Congruent Action* (New York: Dorset House Publishing, 1994)，该书中对于协调及其应用有更为全面的阐释。

过程，而非位置

如果你看过转动中的陀螺仪，你很快会发现，它的平衡不是一件物体、一个位置，而是一种过程。转动让它拥有一种校正力，使之能够在受到扰动时自动恢复，物理的原理就是这样的。人类的协调过程和陀螺仪的转动过程是类似的。对于自我的感知也让你拥有一种恢复力，在受到干扰时能够自我恢复，你的思维就是这样工作的。你的内心情感就变得和外在行为协调一致。这也就是为什么许多涉及即时表演的行业——音乐、武术、体育、表演——都会谈到这种过程，并将其称为"摆正自我"或"定心"。

咨询很大程度上也是一种即时表演，所以每个顾问都需要学习定心的过程。为了达到协调，你得能够感知到自己的"重心"在哪里，一旦失去了重心要能够发觉，并迅速做出抉择来恢复。我朋友和同事，女牛仔苏·彼德森是这样给一群软件工程经理讲这个"定心"过程的：

> 我没学过柔道或者别的什么武术，但训练动物和培养孩子让我学会了定心。如果有什么让人抓狂的事情发生，我知道我的心很定，能够冷静地退一步，选择如何回应，而不是只靠直觉冲动行事。这只需要几分之一秒，却不止一次救了我的命。我面对孩子几乎总是能做到这一点，面对牲畜也经常能做到，不过面对我爸或是公婆却不大能做到。

完美姿态悖论

面对孩子，要么你就学会定心，要么你就被逼疯：做咨询也是一回事。早先的章节已经讲过了镜子、望远镜和鱼眼镜头是怎么帮助我理解自我、他人和环境的。可是，要是我不能平衡自我，任何这些工具都没法起到什么效果。那为什么那么多顾问都定不了心呢？我每次写到定心，都会收到类似于下面这样的信：

> 在做出重大决定之前要让自己定心，说得很好啊，可每次我一谈判就找不着北了，我到底想要什么，怎么样才对我好，全都不记得了。你有什么建议吗？

问题的第一部分很容易。只要我发现自己开始犯晕了，不管手头在干什么我都停下来。这就是苏说的"几分之一秒"。然后我就会注意自己的呼吸，调整成平稳均匀的节奏。

后面的事情都很自然了，但有时候人们就连做到这一步都很难：

> 我也试过调整呼吸，有时候还管用。但有时候就不管用了，比如有个人在大声冲我咆哮。那我应该怎么做呢？

定心也不是神药。有时候就不管用：没法带给我在那个时候急切期盼的结果。所以，要是我连自己的呼吸都控制不了，我就找个办法离开那个情境。如果我想要继续，我会在设法恢复自身平衡之后回来。如果我发现自己走不掉了，那正是我必须立刻离开的确定信号：以后也不要回来了。这地方不适合我。

我花了很多年才学会如何很好地平衡自己，这主要是因为我把协调混同于完美了。就像有个牛仔的格言说：

你要想一直单身，去找完美的伴侣就好了。

一个道理，我们就有了"完美姿态悖论"：

你要想无法协调，努力寻求完美的协调吧。

平衡自我有很多方式，但没有一种方式是完美的。如果你坚信必须要完美，或者有可能达到完美，那你就注定会陷在对"唯一正确方式"无穷无尽而又毫不协调的寻找之中。

内心信息

所以，不要试图去打败完美姿态悖论了，我们来看看几种亲测有效的定心工具吧。

我们已经看到了生存法则会造成什么样的问题。不切实际地追求完美只不过是它造成的又一个不协调的例子而已。这些法则控制着我们的情感状态，让我们感到好像生存都受到了威胁，于是我们被它控制了行为却浑然不觉。一旦被生存法则控制，我们就无法做出苏所说的清醒选择，而这正是定心过程中的关键一步。

可能在小时候，遵循这些法则是我们最好的选择。即使成年后，生存法则也可能会保护我们的生命。但在平常的咨询工作中，并没有多少真正性命攸关的状况，只不过是我们感觉如此而已。

我可以设法通过生存法则所造成的不协调的反应来察觉这些规则在起作用，比如归咎他人，息事宁人，不着边际的应对，爱恨至极或是理性得或逻辑得过分。[1]可惜，等到了我自己出现这些不协调的行为就已经为时已晚。而且，由于我平常并不能意识到我自己那些不协调的反应，

---

[1] *Quality Software Management, Vol. 3: Congruent Action*, pp. 26-41.

我需要一个更可靠的信号。自我暗示①就是一个信号，即我给自己的内心信息，特别是如果这些信息带有强烈的情感时。比如，在不协调的应对背后可能是恐惧，而这种恐惧可能正是我在告诉自己"我可能会犯错"。

仅凭"我可能会犯错"这种说法并不一定意味着恐惧。一种反应可能是恐惧，但还可能是沮丧，比如"要是真出了错，有好多人会很失望，我本想让他们高兴来着"；或者可能是愤怒，比如"我才不想再花时间在这鬼玩意上了"；或者是麻木，比如"好啦，反正我以前也犯过好多次错了，没啥大不了的"；或者是兴奋，比如"哇，我最好的经验很多都是从错误中吸取的，那现在是个好机会"。

你对这些信息的反应可能和我不一样，因为我们每个人的情感过程里面都融入了不同的生活经验。如果这些经验被提炼成了生存法则，感情就会特别强烈——乃至可怕——似乎超出了理智的控制。比如，"我可能会犯错"的信息与"我必须保持完美"的规则组合在一起，就可能产生恐惧。

如果没有生存法则，我觉得也不会有这么强的恐惧和随之而来的不协调的应对了。我可能会发现这个信息变成了："我会尽可能保持协调，但要做到完美是不可能的。"

恐惧议会

如果我就要做出不协调的举动，内心信息可以事先警告我。通过聆

---

① 有关自我暗示以及如何改变它的更多资料，请参见 Pamela E.Butler, *Talking to Yourself: Learning the Language of Self-Affirmation* (San Francisco: HarperSanFrancisco, 1991).

听内心信息，并用强烈的自尊加以转化，我就可以防患于未然。这并不意味着要"压抑自己的情感"，而是正如我的一位同事所说："真正改造内心的图景"。很久以前，伯特兰·罗素就用另一种说法阐释了这个过程：

> 欲于危险的世界中保持神志清醒，应让头脑中的恐惧召开一次议会，使每种恐惧都轮流被其他恐惧投票称为荒诞可笑。①

以下是我在咨询工作中给自己传达的一些自尊不足的信息、其背后的法则，以及当我的陀螺仪提醒我注意"恐惧议会"中发生了什么之后，我是如何将它们转化为更协调的信息的。

不协调：有人会批评我的工作。
背后的法则：我必须永远无可指责。
协调：有批评也难免，我就当是别人给我的礼物了。

不协调：我可能是把自己的想法强加给客户了。
背后的法则：我永远也不能妨碍别人。
协调：某种程度上，强加于人也是一种沟通。

不协调：别人会觉得我不是好顾问。
背后的法则：我必须永远留下好印象。
协调：就算有人觉得我不好，我也不是活不下去。

---

① Bertrand Russell, "Nightmares," *The Collected Stories of Bertrand Russell* (London: Allen & Unwin, 1972).

不协调：别人会觉得我不完美。

背后的法则：我必须永远在别人眼中保持完美。

协调：我本来就不完美，也用不着非要看起来完美。

不协调：别人可能会因此起冲突。

背后的法则：我必须永远维护和谐。

协调：我犯不着总是让所有人都同意。

不协调：我要是不同意，别人可能会不喜欢我。

背后的法则：我必须让所有人都喜欢我。

协调：我同意或不同意都是真心的。

不协调：我应该假装它很重要。

背后的法则：我必须永远对所有事情都很认真。

协调：我会认真地去解决真正的问题。

不协调：我可能不得不改变（但除非有人逼我）。

背后的法则：我必须永远按父母教我的去做。

协调：我想改变就能改变。

体脑指示

如果我没有发觉自己的行为不协调，也就是说和我的内心情感冲突，那么我就很难着手恢复。所以说，恢复协调的第一步就是要注意到自己的不协调。对我来说，最简单的做法就是倾听内心的信息，不过也有其他方法。

我发现不协调常常是通过身体的感觉。我的呼吸可能变得短浅、急促而不规律。我的身体可能僵硬或不稳，或者我发现自己在用力保持平衡。身体上任何地方的疼痛都是不协调的可靠信号：不管这种疼痛是原因还是结果。或者，我可能恶心、眩晕或颤抖，这些都是不协调的可靠信号。

为什么这些信号很可靠呢？你看，我的身体会感知真实的世界，而大脑只是对身体提供的感觉做出解释而已，因此思想是二手信息，不如感觉可靠。这就是我现在遵循我所谓的"体脑指示"的原因：

相信身体，然后才是大脑。

帕森怪异原理

"倾听自己的身体"对我来说并不是那么自然的事情，因为和很多美国孩子一样，我们受的教育是不管是生理的还是什么别的问题，太关注自己的问题不好。我不得不有意识地去练习感知自己的身体，所以我怀疑很多读者没法马上运用这些生理上的线索。[1]我受过的教育还包括要讲逻辑，但用逻辑来探测不协调并不很可靠，因为不协调很多都是源自"不明显的事实"，而不是对此时此刻状况的反应。

我发现，比起直接用逻辑推理，更有用的线索是去注意不合逻辑地方——他人做出了令我惊讶的反应，而且这个反应在当时的情景下看起

---

[1] 有很多方法可以让你对生理偏差的感觉更敏锐，我觉得 Tom Crum 的 "Magic of Conflict" 还有他的书 *The Magic of Conflict* (New York: Touchstone, Simon & Schuster, 1987) 非常有用。书和讲座都是基于合气道的。

来没什么道理。那是因为如果我的做法不协调，就很有可能引发他人不协调的反应。

我没有指责他人反应不协调，而是扪心自问："我做了什么可能引起了对方这种行为呢？"换句话说，我把望远镜和镜子合在一起使用，来同时观察他人和自身。下面就是我的咨询学生帕森身上的一个例子：

> 我和一位项目经理说，我想要看到一个能让她的项目赶上进度的计划。她把装有改好的项目计划的文件夹递给我时，我注意到她手中的纸在哗哗作响。这引起了我的注意，我就想纸能哗哗响成这个样子真是奇怪了。为了找原因，我注意到她浑身颤抖，然后发现她面色惨白，最后看到她眼眶都湿了。

> 我的第一反应是"噢，她病了！"可随后我就想起来课上讲的望远镜与镜子的组合，这可能是她对我的反应。这也太离谱了，我只是正常地和她说话而已，不过我还是决定检查一下。

> 我最先注意到的是自己正抓着桌子的边沿，就好像那是我和万丈深渊之间的安全栏杆一样。我想我的手可以松一松吧，可随即意识到我一松手就会向她扑倒过去。这个过程中我一直都在和她讲项目计划的事，直到我意识到自己实际上是在一边用拳头砸桌子一边大喊。这时我才恍然大悟！

为了让你记得考虑不合逻辑的行为的真正根源，我搞出来了这个"帕森怪异原理"：

如果对方行为怪异，那可能是对某种怪异东西的反应；也许恰恰因为我。

做出调整

不协调是一种僵化的行为。这就是为什么它会对高效咨询造成致命打击，因为我们是靠创新的想法吃饭的。这种僵化也有它好的一面：只需要一丁点小小的改变，就可以打破它一步步发生的模式。我一注意到一些不协调的迹象，就会开始做出一系列微小的调整。

比如，帕森想自己应当把手松开，然而意识到自己会摔倒之后，他首先把自己调整成了更为平衡的姿势。改变姿势常常是小调整的第一步，比如：

- ❏ 坐着就站起来；
- ❏ 站着就坐下去；
- ❏ 感觉身体僵硬就走动走动；
- ❏ 正在走动的话就停下来；
- ❏ 两脚开立，重心居中；
- ❏ 稍稍屈膝。

有了第一个小小的调整，就会引发一系列的微小调整，让僵化的情形轰然坍塌。改变姿势可能让我发现自己有多紧张，于是我就会想要放松。我可以：

- ❏ 控制呼吸；
- ❏ 停止紧抓、按压或紧握；
- ❏ 放松绷紧的肌肉；
- ❏ 放缓节奏；

❏ 停止说话。

当我平心静气之后，我会用"心"来欣赏自己。通过"镜子"来审视自己，我告诉自己能够注意到不协调并采取小小的调整有多么好。我需要这些自我欣赏的信息，因为如果我不尊重自己，也就无法尊重对方。要是我不尊重对方，那我为什么到这来呢？

接触对方

在我和自己交流好之后，现在就该让我的"心"和"望远镜"出场来接触对方了。不管对方说什么，我会把注意力放在对方的身体信号上，因为这比话语要来得可靠。在考虑对方的言语时，无论好坏，我都不会一下子就按照我的第一感觉来解释，而是要再通过语言加以澄清。在澄清的过程中，我还会继续观察对方的身体信号，当然还有我自己的。

一旦我感觉理解了对方，就可以对现状发表看法，当然是从我的角度。我说话会尽量用"我"开头，而不是"你"或无主语①的句子。用"你"开头听起来就像在指责对方，而无主语听起来就有点太过理性。不过我还是要避免用貌似是"我"开头却仍然在谈论对方的句子，比如下面这些。

不协调：你总是犯同一个错误。

伪装：我觉得你总是犯同一个错误。

较好：我花了好大劲才从你的这个错误里恢复过来。

我努力只谈观察，不做解释。为了强调针对此时此地，我使用动词的现在时。我避免使用模糊而空泛的名词，比如"责任""成熟"或"周到"。

---

① 原文是说以 It 开头，即英语中的形式主语。——译者注

不协调：你的做法不负责任。

伪装：我觉得要有好的表现，必须有责任感。

较好：据我迄今所知，我觉得你在（举出具体事例）上表现得不负责任。我有理解错吗？

不过这个例子又引出了另一个危险的倾向：啰哩啰唆地想把事情说清楚。我提醒自己：要简洁：短词、短句、别说太多。我尽可能要说清楚，但我不会去拼命解释或重复，而是会说：

较好：这个让我太激动了，我话都说不清楚了。我说明白了吗？

我的"心"又一次提醒我，如果我不能尊重对方，那就根本不应该尝试去接触。我会就此打住，换个更好的时候再来。如果不能按照我喜欢的方式接触，不管什么原因，我都会这样做。就算对方并不这么想，我也总是可以像下面这样说：

较好："我现在说不清楚是什么感觉。我们回头再来吧。"

等待对方回应

如果能够继续交流，我就得当心自己不要变得太咄咄逼人以至于吓到对方。我发现，控制自己节奏的最好办法就是说一句话，然后等对方回答。

有时，我得想象着我说的话后面有一个大大的句号或者是问号。并且我永远永远不会一下问好几个问题，就像下面这样。

不协调：我可不想得罪谁。

伪装：你明白了吗？我说清楚了吗？它回答了你的问题了

吗？我要不要再换种说法？我没有伤到你的感情吧，是吧？我说太多了吗？你是不是插不上话了？

没人能用协调的方式回答这一串安抚性的问题，所以我得停下来，喘口气。我得让对方通过我的眼神、姿态和语调来了解到我已经讲完了。如果他们没看出来，我会说："我说完了。"然后停下来。

关于不要重复自己做的事这条规则，我有一条例外。我会反复进行整个流程直到达到协调，或者暂时离开。如果重复了一次之后没有什么变化，我就知道是时候离开了，以后再来吧。

就算交流不是太成功，我总是可以应用我的智慧盒：从中吸取教训。事后，我会找个安静的地方坐下来，拿出放大镜，戴上侦探帽，反省我做过和没做的事情，当然不是去指责，而是要强调我哪些地方做得好。这就是我渐渐学会变得越来越为协调的方法：每次思考一次交流。

写作本书时，我做咨询已经有将近半个世纪，所以不协调的交流是经历过很多了。可能这个定心的过程已经被我打磨掉了很多粗糙的棱角，虽然这可能对咨询业务有利，但却常常对培训业务有害。要是没有一些棱角来展示我内心的活动，有些学生就会陷入完美姿态悖论之中。他们想："杰里真是完美地协调，那我也应该这样。"我希望我讲清楚了无论对我还是对他们，这种想法都是大错特错。协调是一项困难而持久的工作，它需要用到工具箱中的每一个工具。

协调对顾问意味着什么

费这么大劲去求协调值得吗？不协调往往反映为僵化而重复的行

为，而协调反映的却是一种在许多不同的外在行为中进行选择的能力。你觉得哪种风格对于你的顾问工作更有价值呢？

自尊是协调的基石，它让我敢于承担风险：要成为高效顾问所必需的风险。要再说得具体些呢，自尊让我能够冒险做出符合我内心感受的行为——"协调"这个词也就是从这里来的。协调并不意味着我要按照某个剧本行事，即便是我自己的剧本。它意味着如果我感到了××（××可以是愤怒、喜悦、沮丧、感激、受伤、自豪或随便什么），那么：

- ❑ 我会说我感到××；
- ❑ 我听起来是我感到××；
- ❑ 我看起来是我感到××；
- ❑ 我的整个身体都符合××；
- ❑ 我将我××的感觉告诉你；然后如果我愿意，我可以求助，但我知道就算得不到我要求的帮助，我也会活下去。

永远展现最佳一面的唯一方法就是保持中庸。如果你追求高质量，有时你会觉得力不从心。但是正如小萨米·戴维斯所说："所谓专业人士就是在不喜欢的时候也能良好完成工作的人。"注意到他说是"良好"，不是"最好"或"杰出"或"完美"甚至"很好"。

这就是协调的意义：我对自己的感觉好到可以向你坦陈，即使是在我感觉糟透了的时候。这意味着我的感觉好到可以让我利用箱中的所有工具，那么我就有很大机会成为专业顾问。

协调的困难

和任何其他工具一样，协调本身也有其困难。我们已经见过一个了——完美姿态悖论——它会提醒我不管从什么意义上说，永远都达不到完美的协调。但就算我设法达到了协调，还有很多挑战等着我。

输、赢还是学习

一方面，那些不协调让我激动到说不出话时，协调让我能够坦率直言。比方说在谈判时，我就更有可能运用祈愿杖来要求我所想要的。但要求并不意味着就能得到，所以在这种情况下，协调不见得管用。

在现实生活中，协调一般来说算是我们能够采取的最好的姿态，但最好的有时候还是不够好。没有什么地方是协调一定能管用的，而这就造成了一个困难。

- ❑ 它让我不协调的行为有了一个借口。"既然协调也不管用，那我就得试点什么别的，所以我就去攻击他了。"
- ❑ 它挑战我对于平衡的信仰，意思就是说我很容易就有借口不去定心。
- ❑ 它让我在没能得偿所愿时有了指责的对象。我可以说："你看，我已经很协调了。但协调也不一定管用，那我还能做啥？"当然，我一开始可能并不那么协调，但现在我犯不着再去回顾了。所以这也造成了学习的困难。

但从另一个意义上来说，协调总是管用的（只要我愿意）。协调总能帮助我的侦探帽和放大镜，因为协调确实保证了我获得的信息是可靠的，而没有受到自身不协调负累的污染。比如，如果我协调地进行要求却没能得到，我就对对方有了一个了解。但如果我用责难的方式去要求，那我就不知道他们是本来就不愿意，还是只是对我的指责不满。

所以，正如萨提尔喜欢说的：

如果你自身协调，你可能赢，也可能输，但你总能学到东西。

我把这个叫作萨提尔的输/赢/学习原理。

越牛越沉默的困境

我达到协调的成功率越来越高，这时我却注意到了另外一个困难。我发现我似乎总是会把最多的时间花在不知道怎么解决的问题上。我自己越协调，卡壳的次数就越少。一方面，我知道如何说："我在这里卡住了。"然后就继续做别的。或者"我在这里卡住了，你能帮帮我吗？"

我卡壳的次数越少，别人就越把我看作是不管什么问题都有现成答案的大牛顾问。人们就开始形成这个常见但错误的"神力模式"：

有些人有魔法（神力），有些人没有。[1]

别人越把我当成有神力的大牛顾问，我所说的每一句话就越可能被过分地放大。所以，随着我的顾问工作越做越好，我不得不提高自己的反应阈值——更多时候保持沉默，或者如果你喜欢换个说法的话，就是要慎重发言。不然，我随口的猜测就可能被当成行动命令。因此，你的

---

[1] *Quality Software Management, Vol 3: Congruent Action*, pp. 16, 308.

声名越盛，就必须对你内心的真正想法越敏感。于是就有了"越牛越沉默的困境"：

越是协调，越是要注意自己的言语。

这个困境就有一点还算好：你越协调，注意自己的言语就越容易。

斯塔尔代理综合征

你达到协调的时候越多，就有越多的困难等着你。在从我公司提供的一个"组织变革"高级研讨班上回来之后，我的朋友丹·斯塔尔是这么说的：

> 关于协调沟通，这个变革研讨班没有告诉我们的一点是，哪怕你做的只是一般般，别人就开始求你帮忙了！大概是这么说的："我发现你能告诉他他很不爱听的某件事情，可他并没有生气。我知道是我来说肯定要打起来了，那你能帮我传达这个消息吗？"
>
> 我觉得这也算是个开始，至少他们注意到还是有可能让沟通更健康的，不过我真正想让他们问的是："我发现你能告诉他他很不爱听的某件事情，可他并没有生气。我知道要是我来说肯定要打起来了，你能告诉我怎么才能做到吗？"（这不是很有意思吗？我把问题这么一讲，我就知道应该做什么才能得到自己想要的了……）①

丹的信让我注意到一件我本以为理所当然的事情：人们注意到你的

---

① 丹·斯塔尔，私人通信，1992。见 *Quality Software Management, Vol. 3: Congruent Action* 第 65 页。

新行为，并让你为他们达到协调。所以，为了表示对丹的敬意，我把它叫作"斯塔尔代理综合征"。

不管你或他人有多想要，你都不能代别人达到协调。

在我的咨询工作中，有一位客户常常要求我做"协调代理人"，我处理的方法有很多种。我同意丹说最后的目标应该是让我教他们怎么做，这样他们自己就学会了，但要一蹴而就可能跨度太大了。你刚开始从事咨询时也不是去解决中东问题的，所以搞协调也不要上来就弄这个你能想象到的最困难的情景。

有时候我就同意做代理，自己搞定，这样客户就能看到还真有人能够处理这个"无可救药"的局面。不过这样他们就可能会更相信神力模式了，所以我一般不会这么做。更可能的是，我和他们说我会做的，但他们必须在场看、听、学。或者我会指导他们——即使他们并没有要求——然后鼓励他们尝试。我作选择的根据是我觉得他们在达到经常协调的路上走了多远。

内欧米的知识印象

看过了本章的一些内容后，作家内欧米·卡腾评论道：

> 我觉得所有这些我都有共鸣，也能想明白，但看完了还是不知道怎么用。换句话说，需要在一个类似于讨论班的环境下练习，才能完全领会并吸收。纸面上的看看就过去了。这里讲的很多东西从我自己的背景和工作中都能体会，不过第一次遇到的人就不知道会怎么样了。

内欧米的担心也是我的担心。斯塔尔代理综合征指出没人能够代他人达到协调。谈到协调,"内欧米的知识印象"说:

经验不仅是最好的老师;它是唯一的老师。

但还不仅如此,因为很多人都有过试图达到协调却毫无进展的经历。那是因为:

经验可能是唯一的老师;但它不一定会教你任何东西。

从自身经验来看,我得在一个安全、包容、乐于帮助的环境下练习达到协调。培训班很好,这也是我也做培训班业务的原因。但我通过和丹妮或更多志同道合的朋友一起练习也学到了很多。记住,要有大的平衡,才能学会小的平衡。

第13章

蛋、登山扣和羽毛

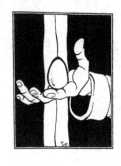

我从来不让学校教育干扰我的教育。

——马克·吐温

在这一章中，我会介绍我放进萨提尔的自尊工具箱中的另外三个工具：蛋、登山扣和羽毛。每种工具都代表了我眼中"探索"的一个侧面。

蛋

摒弃偏见永不嫌迟。

——亨利·戴维·梭罗

"蛋"代表了利用自身的一切来成长、发展和学习的能力。我还真的喜欢收集蛋，大部分是漂亮的石头蛋，因为我对鸡蛋过敏。也许过敏就是我为什么花了这么久才把蛋和萨提尔的种子模型联系在一起。这个模型说的是我们每个人来到世界上，都拥有成为完整的人所需的所有工具。在我卡壳的时候，蛋会提醒我拥有许多自己并未意识到的工具，而且我还拥有选择或制造新工具的能力。本章讲到了给我原有的工具箱添加新工具的三个例子——登山扣、羽毛还有蛋本身。

萨提尔最初的工具箱中没有蛋，不过她常常用作金钥匙的一个小技巧启发我把蛋加进去。有一天，萨提尔、丹妮和我刚开始筹划一个讲座，这个讲座最终演变成了我们的"组织变革讨论班"。我参加筹备会议时迟到了。出于歉意，我嘟囔着："我不太会做时间管理……"

"……到现在为止。"萨提尔补充道。听到这里，我立刻脱胎换骨了！

我经常能看到这五个字在其他人身上产生奇迹，但我自己体会到还是头一遭。就在那一刻，我就从一个拒绝变化的顽固分子变成了一股不可抵挡的变革力量。我不用接受小时候贴给我的标签（"不太会管理时间"），而且我拥有摆脱标签所需的一切：为了自己，全靠自己。就像我们在第 3 章看到的那样，这五个字可以打开固定陈述形成的锁，就像那位内布拉斯加老农在他百岁生日时候所说的那样。

"……到现在为止。"这五个小小的金钥匙字眼足以打开通往无限成长可能的大门。到现在为止，用查理·西肖尔的话说，我都"面临成长的巨大危险"。哦当然了，我还是相信成长的，毕竟我这行要的就是成长，但不是在时间管理方面。不知道什么时候，有人在我脑中编进了这个程序，说"不会管理时间"是我不可分割的一部分。

"蛋"提醒我，我拥有成长所需的一切。它还提醒我，没有什么东西是编进脑中而不可改变的：除了大脑总可以编程这一点。思维自我编程的能力比所有特定的程序都要强得多。

我们每个人头脑中都隐藏着数不胜数的未知程序。它们擦不掉，但却可以用新的程序加以补充。"萨提尔加法原理"就是从这里来的。[1]我不会试图去减掉不善于时间管理的程序；我只要加上一些更好的时间管理程序就行了，在时间管理很重要时能够派上用场。时间不那么重要时，我还可以用我原先那个糟糕的时间管理程序，不管它是什么样子。就像"蛋"提醒我的那样，选择权总在我手上。

萨提尔向很多人教授自信，但她也经常很泄气，因为很多人都要从她身上获得自信，而不是用自己的工具去建立自己的。她逝世的时候我

---

[1] Gerald M. Weinberg, *Quality Software Management, Vol. 3: Congruent Action* (New York: Dorset House Publishing, 1994), p. 161.

们都很悲伤，但那些靠她获得自信的人简直是绝望了。把所有的蛋放在一个篮子里从来都不是什么好主意，特别是蛋是你自己的自信蛋，篮子却是别人的篮子，即使那个人是萨提尔。要是换成我，那就更糟糕了。

所以，我才要把"蛋"告诉你，而不想让你依赖我或是萨提尔，或是这本书来找建立自信的工具。运用你的"蛋"，你可以创造自己的工具。我下面就告诉你我是怎么创造出萨提尔没有给的几样工具的，然后请你来创造自己的。

创造新工具的过程和别的变革过程差不多。你首先要定心：利用陀螺仪。然后你和自己对话，利用镜子看看你"到现在为止"是什么状态，再用祈愿杖和智慧盒来了解你想去什么地方。哪种能力是你忘记了，需要别人帮忙记起的呢？

接下来，手里拿着勇气棒，你从过去来到当下，用金钥匙看看有哪些可能性，再用侦探帽来弄清楚如何达到。如果你有任何问题，你再加上一个"蛋"，用来提供一些脱胎换骨的创新想法来完成这个比喻。到了这里，剩下的就只是用勇气棒去实践实践再实践：你看！一个新工具诞生了。

登山扣

如果遇到岔路口，照直走吧。

——尤吉·贝拉

登山扣代表了确保自身安全以及不冒无谓风险的能力，这样我才可能在必要时去冒险，比如选择岔路等。如果你不熟悉登山的话，登山扣就是一个金属环，用来把登山绳固定到钉在峭壁上的岩钉上，可以保护登山者不致坠落。超级登山迷琳达·斯维泽科让我把登山扣加入了我的自尊工具箱。登山扣让我有了重新审视自己行为的时间，让我在各种情形下都能够自信前行。

创造力和免于恐惧

为了创造新的工具，我需要自己所有的创造力，但恐惧会降低创造力。反过来说，创造力也可以降低恐惧，因为在感觉自己满怀创造力的时候，我知道不管什么问题我都能构造出一个解决方案。恐惧和创造力加起来形成了一个很容易失控的正反馈环，但这个混沌系统的最终方向——瘫痪或是自由——是初始条件的一点非常微小的扰动决定的。这个初期的不稳定性让变革者在新事物萌芽期拥有了很大影响力，而登山扣对于减少初期的恐惧大有裨益。

当然，恐惧并不是影响创造力的唯一因素，因为有些人看起来无所畏惧却并没有多少创造力。但恐惧却是让创造力停滞的原因之一。恐惧的源头有很多，大部分都是来自于生存法则，而这是可以改造的。比如下面这些。

- ❏ 害怕错误是创造力的最大杀手之一，常常源自于某种完美法则。（"我必须永远保持或看起来完美。"）
- ❏ 追求成功的自身压力也造成恐惧，超过一定限度之后会把思维压垮。（"我不管做什么都必须成功。"）

- ❑ 听起来有点矛盾，害怕认可也可能让人崩溃。（"我绝不能引起注意。"）
- ❑ 希望取悦他人很容易导致墨守成规。（"我必须让所有人都高兴。"）

常有人要我给一些以增进成员创造性为宗旨的团体做辅导。如果这些成员总是试图让彼此高兴，团体的强制力就会扼杀成员的创造力。这种情况与我在很多组织中看到的深层矛盾十分相似。比如，你可以用这种强制力来"创业"，但到了一定程度，没有创造力过不去了。

把自尊工具箱中所有的家当都用上，我有时候能够帮助这些团体打破恐惧压抑创造力的怪圈。不过在这个过程中，我需要打败可怕的双重枷锁。

神奇的双重枷锁

科幻作家阿瑟·C·克拉克曾提出了下面的定律，唤作克拉克第三定律：

任何足够先进的技术都和魔术无异。[1]

在我的职业生涯中，我不时能够成功完成项目，打造高绩效团队或讲授精彩课程。但每次我都觉得自己的技术就和魔法一样：即使我自己看来也是如此，因为我并不知道自己到底是怎么成功的。我确实喜欢成功，那也许成功本身就该足够让我满意了。可我总是害怕：

要是它和魔术无异，我怎么知道下次它不会失灵呢？

---

[1] Authur C. Clarke, *Profiles of the Future: An Inquiry into the Limits of the Possible* (New York: HarperCollins, 1973).

当然，在我犯难的时候，我就不愿意改变任何东西，不管多小，就怕魔法会跑掉。我感觉进退两难，既怕改变会把魔法弄丢，又怕不去改变会把魔法弄丢："双重枷锁"（做也不是，不做也不是）的经典范例。

双重枷锁容易造成瘫痪状态或极度形式化的行为。比如，常有人请我去改进会议，可我却发现让客户对会议做出一点点改变都难上加难。他们不想改变总有无穷无尽的理由，所有这些理由都源自"双重枷锁"。

- ❏ "要是我们换一个房间，没准还不如这个好呢。"
- ❏ "要是下次开会不请杰克来，我们可能会需要他知道的东西呢。"
- ❏ "要是把议程顺序改了，可能就没法按时完成了。"
- ❏ "要是我们换个方法投票，可能会做出糟糕的决定。"
- ❏ "要是不从萨利的面包房订面包圈，会议就不会成功了。"

打破枷锁

如果不是亲身经历过双重枷锁，上面说的情况肯定会更加让我郁闷。我的公司员工考虑改进我们的"问题解决领导力"（PSL）讨论班。多年以来，很多人都在这里体验过他们所说的"PSL 魔力"，我们也引以为豪。但每次我们考虑做出改变时，都会有人害怕改变会让这个魔力消失。幸好，每当此时，都有人能够创造出一个登山扣，即证明魔力和要改变的这个因素无关。

比如，我们担心改变举办 PSL 的酒店或城市会有问题。我们确实试图找到神奇的场所，但随后就想起来，PSL 曾经把很多普通城市的普通酒店变成了神奇的地方。这就向我们证明魔力并不在于地点，于是在这方面作出改变就是安全的。这样就让我们摆脱了双重枷锁。

或者我们担心更换讲授 PSL 的培训师会有问题。培训师当然不是随便挑的——选择每个人都是出于其独到的技能——但是，每位培训师都曾经指导过许许多多出色的讨论班。所以，魔力肯定也不在任何一位特定的培训师身上。

或者我们担心培训师的组合。培训搭档自然也不是随便选的，但我们所有的搭档都有美妙的体验。所以魔力肯定也不在培训搭档上面。

我们还担心过所用的课程材料。课程材料显然也不是随便选的，但确实每次课都会换材料。而且，每次上课还都和"标准"材料有这样那样的不同。实际上，从第一次 PSL（1974 年）到最近一次，没有哪个材料是每次都用的。所以，魔力也不在特定的课程材料里。

我用这个登山扣的办法打破了客户的双重枷锁，为每个反对意见——每次我可能摔倒或失败的地方都找到一个反例作为登山扣。

❑ "如果我们换到另外一个房间，可能还不如这个好呢？""嗯，不过你还记得上次这个房间刷漆的时候我们在楼下开会吗？当时那个会开得不错。"

❑ "如果我们不用微软的 Project 软件，项目可能会失败。""有可能，但是我们在某某项目上用了其他追踪软件，也做得挺好。"

❑ "如果换成了新版本操作系统，它可能会崩溃。""没错，不过上次升级的时候也崩溃了几次，虽然有点麻烦但我们还是搞定了。"

❑ "如果我们清理代码，系统可能会出故障。""这确实可能，但我们前三次清理代码时，在回归测试找到了所有故障，所以我们还是做吧，就是要小心一点。"

有效利用失败

当然，我也不是总能找到反例。在这种情况下，我就会试图解密魔法，理解它背后的结构。为此，我需要魔法失效的例子。和其他所有工程学科一样，在社会工程学里，失败是比成功更好的老师。

比如，通过观察几次魔力失效的情形，PSL 教员就更清楚魔力的来源了。一般来说，人们来 PSL 都是自愿的，但也不全是。时不时会有被迫来参加 PSL 接受"修理"的人，但被打上"有问题"标签的人可能会对整个经历产生厌恶，也就感受不到多少 PSL 的魔力了。

从 PSL 魔力罕见的几次失效中，我们找到了一个 PSL 魔力的关键要素——"选择护身符"：

人们在这里是因为他们选择到这儿来。

有意思的是，同样的要素对于创造神奇的会议、神奇的项目和神奇的团队也同样奏效。当人们有选择的时候，他们就是魔力本身。或者更确切地说，他们创造了奇迹。

每次在讨论班、会议和项目开始时，我们都会说："你可以随时退出并观摩，如果你不同意我们说的话可以随时争论。"然后我们还会抓住一切机会来强调这个登山扣原理。

当人们选择来参加一个讨论班，接手一个项目或加入一个团队时，他们就会有安全感，可以全心全力并富有创造性地投身其中，而不只是敷衍了事。因此顾问的魔力就比员工更大：他们总是知道是自己选择了这个任务，因此总是能够毫无保留地全心投入。而且如果形势有变，他们可以随时抽身而没有丝毫的愧疚或犹豫。

员工也可以有这个选择，但是他们常常不记得——就像有些顾问也忘了，并感到出于经济原因被迫接受一个任务。然后他们小心得就好像一个人赤身裸体地去翻越铁丝网。一发现这种行为，我就知道是时候拿出登山扣了。

每次接手新任务时，我的登山扣就提醒我安全感、选择和创造力之间的联系。如果感觉受迫，我就没有安全感，也就不能把我的魔力发挥到最好。没有登山扣，我就没法使用自己拥有的所有神奇工具了。

羽毛

> 人生太重要，不可太当真。
>
> ——奥斯卡·王尔德

即使有了蛋和登山扣，我的创造力还是可能会卡壳，无法发挥。这就是我把羽毛放进工具箱中的原因。羽毛代表了逗乐自己和别人以及不把事情或自己看得太重的能力。

羽毛代表了逗笑自己和别人，不把事情或自己看的太重的能力。我是在 1988 年 2 月 24 日星期三把羽毛放进工具箱的。之所以记得这个日期，是因为我存了一份剪报：

> 纽约——一位消沉的年轻人无法控制洗手的冲动。他把一支 0.22 英寸口径的步枪放入口中，扣动扳机却活了下来，他的强迫症也治好了。

　　"智商没有变化，人格方面也没什么改变，他也没有变得麻木迟钝。他的症状都好了。"他的医生说，……并将这次自杀行为称为"成功而彻底的手术"。

　　恰好在 1988 年 2 月 24 日星期三，我正在一位客户那儿工作，试图帮他们解决一个要赌上公司命运的问题。但我们卡住了，卡得死死的。在开了一上午会却让人绝望地一无所获之后，我们决定休息一下。在吃午饭的时候，我看到了这篇文章。

　　午饭之后，我把这篇文章读给所有人听。"所以说，"我总结道，"我们至少还有机会。你们里面某个人朝自己脑袋开一枪，也许就能想出一个更好的点子。"

　　有人说："这也够极端的。要不然我们干脆用脑袋撞墙，直到想出点什么来？"

　　另一个人也插话说："我现在就去倒挂在窗外。可能会有什么好东西从我脚上流到脑袋里。"

　　接下来，在一阵嘻嘻哈哈的笑声中，我们灵光闪现走出了困境。我们意识到自己永远不能控制一切，即使最荒诞的建议也有时能得到好的结果，我们不再把自己太当回事，终于挣脱了一本正经带来的束缚。

费莉西蒂的羽毛哲学

　　有些人似乎生来就拿着羽毛，他们从来不把自己太当回事。费莉希蒂就是这样一个人，至少我是这么觉得的。我是在一个会议上第一次见到费莉希蒂和她的双胞胎妹妹范妮的。那时她们俩都待业在家，正通过会议的招聘会找工作。范妮看起来有点闷闷不乐，这也自然，但费莉希蒂总是带着轻松的笑容。我建议说我可能有些熟人可以帮他们，费莉西蒂跟我讲了她们的工作经历：

> 范妮和我一直以来几乎在所有方面都一模一样。上学的时候我们穿的一样，所有课都一起上，也一起拿高分。可毕业了以后，似乎没人看中我们的分数，我们能找到的最好的工作就是档案员了。

> 我们工作非常努力，也干得很好。三年以后，我们觉得该给我们升职了吧，可是我们的工作被数据库系统代替了。我们想自动化挺有前途的，于是就找了数据库管理的工作。

> 接下来呢，我们俩分别让公司的几个关键的流程自动化了，那我们觉得这下总该有不错的回报了吧！可就在这个时候，公司决定引进一套集成的买来就能用的数据库系统，我们所有的工作都前功尽弃。

> 我们觉得要想做点有意义的工作还得靠软件业，于是就在一家劲头十足的创业公司当了程序员。我们做了一个很棒的系统，本以为可以替代现有的产品线。可就在我们交付前夕，项目被终止了。我们才发现这个项目只是一个销售手腕，让用户在现有的旗舰系统完成修正之前先不要急着买竞争对手的系统。

> 经过这么一遭，我们觉得重要的工作在于管理，这样自己就知道到底发生了什么。我们俩都当上了项目经理，负责改进旗舰产品。我们都做得非常好，觉得升上高管、获得奖金、期权都是十拿九稳：这时却被釜底抽薪，公司整个卖给了我们想要打败的竞争对手。旗舰产品还有我们的改进都被扔进了垃圾堆。

这不我们又回到劳务市场来上了么，想找点有意义的事情做做。

"这还真够悲催的。"我说。

"是啊。"范妮郁闷地附和道。

"有什么好悲催的啊？"费莉西蒂开心地问道。

"你看，每次觉得自己做成了什么事，都发现根本无关大局。"

"一点不错，"范妮皱着眉头抱怨道，"到头来，我们做什么对这世界都无关紧要。"

"说的就是啊！"她姐姐插话道，"既然我们做什么都对这世界无关紧要，那我们假装它十分重要当然也无关紧要。那我就假装它们真的很重要，这样我就很高兴啦！"

这下我就知道了——完全相同的经历却得出了两条截然相反的定律。一方面是范妮的忧郁宿命论：

到头来一切都无关紧要。

另一方面则是费莉西蒂的羽毛哲学：

既然到头来一切都无关紧要，那我假装它很重要也没关系。

那时我还不像费莉西蒂对生活这么乐观，还没准备好接受她的哲学。"那你难道不知道你是在假装它重要吗？知道的话难道不会最终让你郁闷吗？"

"哦，没有啊，"费莉西蒂说，"恰恰相反。"最后她给了我致命一击，让我一直微笑不已：

既然到头来一切都无关紧要，那我假装我没在假装也没关系。

第 14 章

沙漏

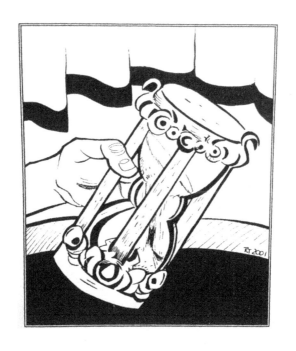

为什么我们从来没时间把事情做好，却总有时间返工呢？

——某车库墙上标语

受到萨提尔"……到现在为止"的激励，我给自己发明了一个"沙漏"，代表我为重要的事留出时间并好好利用时间的能力。对我来说，沙漏是我最重要的工具之一，因为我常常会忘记它：即使是在我写关于什么管理、领导力还有咨询的书的时候。也许作为一个老头，我还是相信时间不重要比较好，这样我就不用想自己剩下的时间有多么少了。

我甚至本来在这本书里不想写沙漏来着，直到米歇尔——那个一开始试图阻止我写这本书的朋友跟我说："为什么你想避开时间这个话题呢？即使是在《咨询的奥秘》里面，最明显的一个遗漏就是没讨论你是怎么管理时间的。"

我想要解释一下，逃出米歇尔的魔掌："可我在《成为技术领导者》里面花了一整章来写时间管理啊。[①]你不如去看看那个？"

"我看过了，挺有用的，可我还想要！我想要更多的时间！"

"可我知道的都已经告诉你了呀，"我辩解道，不过底气越来越不足了。

"胡说！我观察过你了，看起来你的时间比谁都多。我说，你是怎么找到时间来写那些书的？你是怎么让所有的项目都按时完成，然后让你的客户也完成的？"

"我不知道！"我尖叫道。

"好吧，你总是跟我们说，你学东西的方法就是写出来，发掘你自己知道的东西，并整理出来让别人看懂。你的大好机会来了。"

---

① Gerald M. Weinberg, *Becoming a Technical Leader* (New York: Dorset House Publishing, 1986), pp. 249-257.

我真是作茧自缚，只好答应试一下。我想首先得拿出放大镜来收集点数据。当时我正为了创办一个新的会议忙得不可开交，这个项目给了我一个机会来发掘一些自己的沙漏策略。

高效沙漏的零件

一群顾问还有我都对于老套重复的会议烦透了，于是决定为我们的同事和客户创办一个年度互动。它叫作 AYE，即"提高你的效率"（Amplifying Your Effectiveness）。我们的一个主要目的就是把我们提高效率的方式用在项目本身上面，这样就可以知道哪些奏效哪些不行。当然，我们都十分了解"潘多拉的疹子"：

新玩意儿从来不好使，但我们总是希望这一次会有所不同。[①]

虽然我们十分努力，会议最后也大获成功，但既然很多东西都可能出毛病，AYE 给我提供了无数练习使用工具的机会，特别是我的沙漏。

我决定列一个单子，记下哪些事情耽误了时间，沙漏又有哪个零件帮我们管理时间。下面就是几个例子。

1. 我们项目经理的邮件在网络里面被耽搁了好几天。他收到信的顺序也不对，造成很多误会，从而又产生更多让人糊涂的信件。但这些混乱之所以发生就是因为我们回邮件回得太快了。邮件服务恢复后，我们讨论了发生的事情，并且学会了先注意邮件的日期，

---

① 《咨询的奥秘》第 175 页。

而不是草率作出结论并回复。混乱会浪费时间。

2. 我太急于设立一个能给会议付账的东西，结果在开项目账户的银行表格上面，有两个地方要签名我却漏了一个，导致没能及时付账单。这本可能造成一连串的耽误，但终于化险为夷，因为别人有自己的预算可以垫付账单，并且相信自己最终能够报销。这里，沙漏就保险出两种常见形式：相互信任，还有在银行里多备点钱。急躁会浪费时间。信任可以换时间。如果用得好的话，钱也可以。

3. 凯文的手骨折了，这实在很糟糕，因为他没法用他的盲文阅读器了。这耽误了他的文章编入我们的会议前文集。[①]不过后来发现拖稿的不止他一位。这里的经验就是，出现了意外的延误别太激动，至少要先看看它是不是真的会耽误整个项目。匆忙下结论会浪费时间，指责也会。

4. 我的浏览器上的一些安全证书（不用管这是什么）过期了，我试着去更新，结果系统崩溃了。这让那个浏览器上的很多事情耽搁了好几天。不过却没多少影响，因为我有一个备用浏览器可以做大部分的工作。计算机可能会浪费时间；备份可以节约时间。

5. 好几个人休假去了。要是我们在计划里面考虑了这些休假，就不会有太大问题了。这问题出过几次之后，我们改正了错误，每次休假之前大家都会相互通知。休息并不会浪费时间，问题是缺乏有效的规划。

6. 内欧米家里出了大事，在解决之前不得不减少参与项目。这意味着其他几个人的工作量会增加，不过还可以招架。由于我们留有

---

① Gerald M. Weinberg, James Bach and Naomi Karten, eds., *Amplifying Your Effectivness: Collected Essays* (New York: Dorset House Publishing, 2000).

余地，在项目经理乔安娜重新分配了任务之后，没有怎么耽误进度。留有余地节省时间，依赖可靠的人也可以。

7. 对于没有参加最初规划会议的人，我们都得让他们上手：不光是计划，还有计划背后的逻辑。我们没有计划这一点，所以这个耽误了挺久。但是，这让我们重新考虑了一些逻辑，不至于后面追悔莫及。教导新人会花时间，但这个时间并没有浪费。

8. 詹姆斯加入了团队，我们得让他上手。这又耽误了些时间，但好处是詹姆斯是个天才的测试员，对很多计划都进行了我们本未想到的测试。测试看起来很花时间，但如果做得好，做的早，它节约的时间更多。

9. 詹姆斯也是个出色的作家/编辑，可以承担内欧米的部分工作。对詹姆斯做项目培训事实证明十分值得。但是，要是做得太晚，我们就等不到这份投入产生效益了。培训看起来也是要花时间的，但它实际上会省时间——如果做得早的话。

10. 项目一开始的时候，我们的电话和邮件列表都过时了，直到我们更新之前造成了很多耽搁，让人恼火。这些联系方式本应在最开始就更新并时时维护，这对于所有分布式项目都十分必要。错误会浪费时间。

11. 玛丽的儿子病了，这让她好几个星期都没把心思放在 AYE 的事情上。我开始很不耐烦地想这帮人为什么一点儿都不体谅我们会议的问题！难道他们没有计划吗？他们的计划难道没有排除自己和亲人的生病问题吗？不耐烦会浪费时间，不接受现实也会。

12. 我发现脖子上长了个奇怪的新痣，于是做了一个医生所谓的小手术。然后她又发现了另一个可疑的痣，我只好又动了一个小手术。

然后我去看了一次牙科急诊。我开始明白别人的计划了。任何不考虑人的弱点的计划都是有问题的计划。不是项目不符合计划，而是计划不符合项目。

13. 我们需要每一位主讲都写一篇文章放进会议文集《提高你的效率》。尽管如此，还是有几个人迟交了。他们没跟上进度本来不是什么大事，但我们曾经发誓说每一个主讲都会在书里有一篇文章。到头来，等待最后一篇文章就像是等着宾果上最后一个数字出现一样，而且一样让人郁闷。我们造成的这个局面我管它叫"宾果泥沼"：你一边在泥里打滚一边等着每个空位填满。组织失当会浪费时间，不切实际的期望也会。

14. 很不幸，有些提交的文章够不上我们的质量标准，不得不返工重来。我们要是降低标准就可以省点时间，但质量是会议的关键目标之一。要是我们鼓吹质量自己却不践行又有什么用？放弃自己的原则省下的时间根本算不上节省，实际上它完全是在浪费生命。

15. 完美主义让我们时不时感到恐慌。学会思考什么是可以接受的质量而不是完美的质量是一味良药。保持适度节省了大量的时间。

16. 托管我们邮件列表的网络供应商时常出故障。我们终于放弃了方便的邮件组列表，只是维护我们自己的团队列表。我们意识到选这个供应商是因为它最便宜：下次就知道了。钱可能买不到幸福，但可以买到稳定性，从而赢得时间。

杰里的项目生活铁律

我们还有很多耽搁的原因，不过我想就到此为止吧：省点时间。现在，我想总结一下经验教训，它们都是我沙漏中的零件。

- ❑ 上帝可能有些事比我的项目更重要。在项目计划中，我给天灾留了点余地。
- ❑ 完美主义是进度杀手；保持适度可以拯救它。
- ❑ 有些项目结构把成功弄得和中彩票一样。我把项目中的宾果泥沼都找出来干掉了。不光是这消除了"霉运"，也降低了我自身的心理压力，而这就带来了"好运"。
- ❑ 质量是可以商量的，但不能无限让步。
- ❑ 计划是一种预测。安排及早并经常测试，然后调整计划。
- ❑ 机器会出故障。软件会出故障。人更不完美，但他们更能应变，所以留点人作为机器系统的后备挺好的。
- ❑ 如果有一个地方坏掉会让整体瘫痪，那它肯定会在某个时候坏掉。在此之后，如果我还有脑子的话，我会把它去掉。
- ❑ 交叉培训是避免这种薄弱环节的最保险办法之一。另一种稳妥的保护是为所有项目资产建立一个好的资产控制体系。如果你觉得它"看起来没什么重要"而不去遵循这个体系，必然会造成损失。
- ❑ 我从来都不能提前发现所有的薄弱环节，但如果我做一个风险分析就能够发现很多，这样就让我有更多的时间来对付那些我没有发现的。
- ❑ 除非自己亲身经历过，我对别人造成的延误都不能体会，但我会试着给它们最宽容的解释。可以让我足够平静下来帮助解决，而不是横加指责致使时间问题更加严重。
- ❑ 最后我经常听到客户告诉我说，"如果一切都很顺利的话"，项目就可以按时完成。好吧，我从事项目业务已经 50 多年了，见过成千上万的项目，我还从来没有见过一个"一切都顺利"的。

正因为从来没见过，这让我得出了"杰里的项目生活铁律"：

总是会花更长的时间。

违反这条铁律后果自负。把延误放进计划，在计划外的延误发生时，要能够应变并且宽容。这样你会更成功，甚至会更幸福。我们的项目计划在 11 月完成。我们到了快结束时并没有赶工或者恐慌。会议是如此成功，我们每年开一届已经 10 年了。我们对此觉得挺高兴的，我们打算把学到的东西应用到下一届 AYE 会议上。

又快又好

虽然 AYE 在筹备过程中出了不少差错，但要不是我从我的朋友安川纪惠那里学到的时间管理技巧，我们可能还会有更多的问题。我和她合作一本书时，纪惠正在做关于老鼠种群的生物学研究。在她的工作里，只要有一步粗心就会把所有的老鼠都杀死或让它们逃走。看着纪惠告诉我，最可靠的浪费时间的方法就是漫不经心，我把这个叫作"时间炸弹"：

时间会击破所有弱点。[1]

沙漏代表了为重要的事留出时间并好好利用时间的能力。它还提醒我，任何值得做的事情都值得做好。因此，它提醒我，如果本来时间就不够，浪费时间去敷衍了事没有意义。我把这个叫作"纪惠利落秘方"：

没有"萝卜快了不洗泥"这种事儿。如果你要做得快，就要做得好。

---

[1]《咨询的奥秘》第 182 页。

过去，我还会接客户想要缩短工期的工作，结果给客户的反应就是我干得不好。下面就是几个我很后悔受到诱惑而忘了自己沙漏的例子。

- ❑ 浓缩版培训班：客户说："你在四天里教的东西肯定也能在三天里教完。给我们上个浓缩版吧。"

- ❑ 快速咨询："我们想让你讲上一小时，要让整个组织改头换面。""可我不知道怎么才能做到啊。"客户停了一下后说："行吧，那我们给你两个小时。"

- ❑ 减少抱怨："我跟我的一个员工（同事或供应商）之间有点问题。我一直都非常想把这个问题了结，我想让你跟我说说为什么这个事并不重要。"

当然，我管理自己的时间、自己的资源乃至整个生活时也会出现同样的诱惑。不管怎么说，因为我总是想把事情做好，我就会慢慢来。我有这个直觉：如果我着急上火，肯定会忘掉点什么细节。沙漏提醒我在计划里面要留有余地，不是留给我无法预见的东西，而是留给我没有想到的东西。沙漏提醒我，把我的计划弄糟的不是外面的世界，而是我自己。

清醒经验

在我的工作中，我发现对于设计成功流程来说，最少见却最基本的因素是"清醒体验"。所谓清醒体验，就是我要参与但还没有过分投入以至于迷失。然后花点时间来回顾一下发生了什么。哪些做得好？哪些做得不好？还有哪些可能性我们没有尝试？信息流是什么样的？哪些人没有参与，为什么？环境对流程造成了什么影响？我个人的做法哪些有效，哪些无效？

经验可能是最好的老师，但是如果我不清醒地去审视它，它什么也不会教给我。当我花时间来保持清醒，即全面审视方面面时，一开始看起来我是在浪费时间。但到头来，我总是能连本带利地把时间赚回来。

但流程必须按期完成时，保持清醒就更重要了。一百件任务里面，哪怕我在一件上面打了瞌睡，那不管什么进度都会被我毁了。掌控时间需要非常坚韧的沙漏。但既然时间会击破所有弱点，我在匆匆忙忙的时候，情景往往是我丢掉的第一件东西。

简而言之，匆忙会导致失去清醒的理智，而这又会导致损失时间。所以，匆忙最终会浪费时间……哦，那就是"欲速则不达"——说起来很老套，但在最关键的时候总是容易忘掉。

正确起步

最关键的时刻之一就是开始做一件新事情时。如果我匆匆忙忙就开始做，我的沙漏就会提醒我"时间不够"实际上意味着"不够重要"。仓促开始是因为我觉得不用在仔细考虑上"浪费时间"。既然我总觉得自己是一个能够应变又有创造力的人，我以前觉得开始时仔细并不是那么重要。如果待办事项上漏了什么，我总是可以中途补上：这样赶紧开始也没问题。

待办事项是可以补，但我匆忙开始却是大错特错了。当我的朋友里奥·赫皮斯向我展示他最伟大的省时工具——"勿办事项列表"时，我真是开了眼了。每月月初，里奥都会坐下来，列出他想到的这个月不要去担心的事情。还有什么能比这更省时间呢！

换句话说，你在一开始花时间，到头来省时间的一大原因，就是这让你的智慧盒有时间来应用第 2 章讲过的"加里垃圾警告"：

不值得做的事情就不值得做好。

加里垃圾警告给我省下了无数的时间，要不然我就会去读那些不值得读的东西，写没人要看的文章，做毫无成效的行政工作，或是打扫那些注定要扔掉的东西。

但并不是每个人都觉得里奥的"勿办事项列表"能节约时间。我听到的最常见的反对意见，就是有些事情如果不尽早处理会越来越糟。这种说法当然有道理，所以找出那些会越拖越糟的事情，不要列在你的"勿办事项列表"上。事实上应该先把它们做掉，这样它们就不会堆在任何列表里面。

第二个常见的反对意见经常是这样一个急切的问题："要是我不停地把事情往里加却永远不去做怎么办？"为了回答这个意见，我指出列表上有两类问题：逐渐变得越来越重要的和越来越不重要的。越来越重要的那些最终会变得足够重要，从"勿办事项"变成了"待办事项"。

其他的那些呢？你看，如果它们变得越来越不重要，最终就会变得无足轻重，可以直接扔掉了。"勿办事项列表"让我可以推迟做那些今天看来不太重要，而明天可能消失的事情。我把它叫作"里奥懒惰定律"：

明天甚至永远都不必做的事情，今天就绝不要做。事实上，再也不要想着去做了。

这得省多少时间啊！

适时停止

并不是所有的时间都是在开始时浪费的。有些是被流程中间的低效率浪费的。不过一般来说，这样浪费的时间还比不上最后浪费的，或者说该结束没结束浪费的。我的沙漏还代表记得问问"是不是该结束了"的能力。比如下面这些。

- ☐ 这个任务是不是该结束了？
- ☐ 结果对于目的来说是不是足够好了？
- ☐ 是不是不该再给这个客户干活了？
- ☐ 是不是不应该再干独立顾问了……？

  - ■ ……因为我挣够钱了？
  - ■ ……还是因为我挣不够钱？
  - ■ ……还是因为我没得到自己想要的？

- ☐ 是时候退休了吗？
- ☐ 是不是不该一直琢磨该不该结束了？
- ☐ 是不是这一章也该打住了？

第 **15** 章

氧气面罩

主啊，请准许我永远可以渴求的比能够实现的更多。

——米开朗基罗·博那罗蒂

氧气面罩是平衡生活的象征，而不是只是平衡而有活力的瞬间①。它提醒我自己要呼吸，意味着我要先照顾好自己才能帮助别人。我的同事艾琳·斯泰德把氧气面罩加入了我的工具箱，让我想起飞机上的安全提示："请确保自己戴好氧气面罩并正常呼吸之后再帮助他人。"

我自认为和米开朗基罗这样的伟大艺术家还有些共通的地方，不过看起来最相似的地方就是希望做的比一辈子能做的都多——不是去画伟大的艺术作品，而是去修复伟大的作品——我的客户们。我的氧气面罩就负责管理这一倾向，提醒我要先有健康再工作：这样我才最有可能帮到他人，而不是因为自己崩溃烧伤无法跟进而最后帮了倒忙。

氧气面罩提醒我运用所有其他工具来保持自己身体健康、头脑清醒。

我们为什么会倦怠

今年新墨西哥北部的森林非常非常干燥，有成千上万亩森林都被林火烧光了。看着一片片燃尽的焦土，自然想到在我的职业生涯中遇到的成千上万名精力燃尽的顾问。我本来想就如何照顾自己、避免精疲力竭写上一章，但我终于没写成，因为我自己也被搞得精疲力竭：我们从位于圣塔菲国家森林的小木屋中疏散出去，在近在咫尺（一英里以内）的火险解除之后又搬回来。

我妻子丹妮负责培训驯狗师：专门对付问题狗和问题主人的人。和

---

① 特别感谢丹妮·温伯格合著本章以及她所做的一切。

所有其他顾问一样，他们也会精疲力竭。丹妮还给 NADOI（全国犬类服从培训师协会）的获奖杂志 *Forward* 撰写专栏。事实上，她也写过一个关于倦怠的专栏，于是我就有了一个绝妙的主意。我只要把她的专栏偷过来（也算不上是偷啦，在我们住的这个州，这算是夫妻共有财产），看看是不是能够用在一般的顾问身上。其实呢，我们俩先前也说过，有时候把读者群互换一下挺有意思的。不过，我还不知道管理咨询顾问有什么话能让驯狗师感兴趣的：也许怎么收拾烂摊子的点子除外。

如果你是新入咨询这一行，或者正在换行业，可能你并不太能体会倦怠是什么。改变职责（就像交换读者群一样）能够避免倦怠，你甚至会觉得一个人怎么会不喜欢自己那么热爱的东西了呢！就像现在的你一样。不过放心：倦怠还是会发生的！

在职业生涯中期最容易感到倦怠。你做顾问有几年了，挺成功的。你掌握了一些传统的方法，并且也自己创造了一些适合客户的变化。你也掌握了签约的窍门：接多少活儿，需要多少帮助（营销、法律咨询、行政支持），以及旅行和快速适应新环境的基础知识。简而言之，你现在干得得心应手，这几年也积累了不少经验。

突然，你发现自己因为倦怠而感到绝望！

怎样算是倦怠呢？感到麻木、迟钝、提不起兴趣、没精神、沮丧、无助、厌倦、疲劳、无助吗？技术问题一下子变得好困难，做起来也没什么成就感。客户看起来又蠢又顽固。

丹妮的一个深陷倦怠的驯狗师同事说得很精炼："我烦透了教人们怎样不让狗在客厅的地毯上拉屎。"我认识的一位承包人说："关键文件不备份却让我来恢复这种事还要干多少次？”他说这句话时，也让我想起了前面那句话。这些话都表达了对曾经一度重要、珍视的东西的轻视。

有很多明显的原因会导致倦怠，比如工作太卖力，想作的太多，远远超出自己的身体和情绪的极限，等等。然而这些都只是倦怠背后的真正问题所造成的一些表象。了解这些问题可以帮助我们弄明白，为什么我们工作过度并把自己逼到了这种不开心的境地。

首先，通过下面几小节，我们来看看所有的“应该”——那些我们感到由外界强加在自己身上，并蚕食我们自尊的要求和约束。然后我们会想想如果被自己的成功所困并害怕改变会怎么样。接下来，我们会讨论一些将这些加以转变并为我所用的方式：真正与它们在我们生活中造成的混乱交上朋友。

可怕的“应该”

如果我感到自己被迫去做本不想做的事情，或似乎我的选择余地已经是零，或自己被困在一个窄小的盒子里面无处可逃，那倦怠就离我不远了。

想想你感到自主权受到严重威胁，一切由他人掌控，而且和你自己的想法大相径庭的时候。我有个同事每个工作日都要上夜班，因为他的客户说“你是我们最好的救火队员”。还有个同事允许他的赞助人让本来计划 12 个人的 C++讲座挤进了 40 个人——“因为中途退出率很高”。（还真是稀奇了！）另一个同事负责把所有的软件测试结果都报告给几个坏脾气的程序员，因为就像他的客户说的那样，“别人都不愿意和他们合作”。

当然，确实真有可能这些顾问就愿意上夜班，特别善于上大课，或者喜欢和恶心的人打交道。但如果他们本不这样喜欢，那他们就是被拖进了这些很容易导致倦怠的活动。他们没有用自己的是非符，那就要付出代价。

我上大学的时候对于倦怠有深刻的教训。我当时做一份洗盘子的全职工作，因为作为福利我就能免费吃饭（如果你把它叫作免费的话）。我当时还选了超负荷的医学预科课程，因为我妈想让我当医生。我还准备加入一个兄弟会，这帮人觉得给预备会员派的虐待性工作越多，他们就能成为更好的兄弟。我之所以去做是因为一个好朋友说兄弟会所是校园里面唯一可以住的地方。到头来我不得不辍学住院了。这真是精疲力竭。

我的问题都在于"应该"。我觉得我应该读医学预科，因为我父母希望我这样，而且医生也帮助过我，所以我应该回报这个世界。我相信我应该去从医，而不是去搞计算机，因为我不应该自私。我以为我应该属于这个兄弟会，因为那里的朋友鼓励我继续学业，而且我应该勤工俭学，因为我不应该拿别人的钱。而我一旦开始上医学预科，我觉得我应该念完，虽然非常痛苦。我被自己的"应该"困住了，换句话说，我自己的生存法则快把我害死了！

自那之后，我有好多次都濒临精疲力竭的边缘。比如作为作家，我的手稿得到了一个不好的评价，我就发现自己掉进了"相信权威"的陷阱。你知道的："他是个专家，我应该照他说的做。"

作为教师，我因为同意去做根据理性判断并不适合的事情而差点搞得精疲力竭，比如允许太多学生选课（"我应该接受每个人"），容忍从来不做作业的学生（"我不应该强迫任何人"），使用客户要求而自己并不同意的方法（"我应该灵活"），等等。

可惜，倦怠的一大表象就是无力求助。这就意味着，在我最需要情感支持和新想法的时候，我却最不会去寻求它们（"我*应该*自己解决"）。倦怠从根本上说就是自尊极低的一种状态。在这种状态下，我会觉得自己不配得到，而寻求帮助和支持看起来就是在宣扬自己的卑微和无能。

能者多疲

多年以来，我努力提高自己的能力，以便避开这些"应该"的陷阱。但能力本身并不能包治自尊不足，而且有意思的是，它甚至还能成为倦怠的帮凶。

在做擅长的事情时，我常常会得到许多激励。我会有非常好的客户反馈，满意的客户口口相传为我带来了更多的签约机会，还吸引到了更多有意思又肯出钱的客户。不管什么东西，只要出了问题，客户都会首先打电话给我去解决。

这类成功的第一个结果就是"累积"效应①。我越成功工作就越多；工作越多我就越成功。客户更可能有了任务先来问我，而且这些都是很好的任务，难以拒绝。这很快就会超过我能够坚持的限度，但由于这让人感觉十分好，尽管我早就应该说："谢谢，但这次不行。"我还是苦苦支撑了很久。到头来把自己搞得精疲力竭。

累积效应之所以有这样糟糕的结果，是因为我对于激励做出了反应。驯狗师们都知道，不管采用什么训练方法，要想让学生和狗做出更多他们期望的行为，激励是重要的一环。激励是学习过程中的关键部分。这

---

① 要进一步了解累积效应，请参见 Gerald M.Weinberg, *Quality Software Management, Vol. 1: System Thinking* (New York: Dorset House Publishing, 1992), pp. 256-58.

对人也同样奏效，特别是对于我们这种按合同办事的人。我不会为了猪肝摇尾巴，但肯定会被金钱、有意思的任务和表扬吸引。

如果得到这种激励的频率太低，我就没有足够的成就感。这时我就容易停下来甚至彻底放弃——这是由于缺乏激励导致的倦怠。我是吃过这种倦怠的苦头了，现在我知道必须自己去寻求激励了。我要保证自己拿到足够的报酬，并且做有意思的项目。项目做完之后，我会问问客户是否满意。所以，既然我经验这么丰富，我肯定会收到足够的激励，不至于搞得身心俱疲，对吧？

不，不是这样的，因为有可能得到的激励太多了。一方面呢，如果我的能力得到了过多的回报，我就会怀疑激励的价值并给它打个折扣。有意思的是，这在我对工作十分纯熟，开始收割成功果实的时候尤为明显。由于非常频繁地得到激励，我就开始不愿意改动讲义中的任何东西，也许只能换换纸的颜色。我会对于任何批评意见过度敏感，在做出建议后，哪怕客户出现一丁点儿疑惑的神色都让我担心。我开始更仔细地选择客户和工作环境，直到确认所有的客户都是全心的追随者。我变得越来越厌恶风险。毕竟，这也行得通，干嘛要改变呢？

很快，我就发现自己一点儿也不盼着做项目了。我开始向同事批评客户，开他们的玩笑。我很容易失去耐心，并发现自己经常不满。我也不请同事观察我的工作并给我反馈了。犯得着么？一切都挺好的，什么也不用改。

但是……还是不对劲。我对我自己和我的工作都感觉不好。我的身体甚至也开始出问题，我更容易出意外，也更容易因为"健康"或者"天气"原因取消约定了。

在咨询这行，倦怠实在太常见了，但我们不用像被林火困住的小动物一样无助。了解倦怠是怎么发生的会有帮助，甚至一些看似矛盾的行动都可能有用：就像故意先放火以防止大火蔓延一样。

与混乱为友

萨提尔的变革模型说明了变革和学习是怎么发生的。①为了理解倦怠，我们需要看看那个叫作"旧现状"的阶段。这就是我的能力和成功都十分完善的阶段，而我现在所做的就是不停地重复自己。就算旧现状又枯燥又郁闷，相比于迈向未知的不确定性，我还是更喜欢熟悉的折磨。在处于旧现状时，我每天都选择痛苦而不是风险。痛苦可能仅仅感到无聊，或者可能表现为实际上的生理疼痛甚至疾病。但我无论如何仍然坚持，因为它经过检验，真实而安全——至少在某种意义上。我的氧气面罩应当提醒我，这种"安全"就像死亡一样安全——不用面对改变的危险，如果不算腐烂的话。

很多人一生都留在旧现状中。他们完成学业，结婚，找工作，然后就永远呆在那儿了，数着日子捱到退休。不过对于顾问来说一般不是这样的。他们也许是从这里起步，但可能被萨提尔所说的外来因素猛地从旧现状中推了出来。

外来因素就是任何迫使你做出不同尝试的东西，因为现在的风险感

---

① 要进一步了解萨提尔变革模型，请参见 Gerald M. Weinberg, *Quality Software Management, Vol. 4: Anticipating Change* (New York: Dorset House Publishing, 1997)。

觉就像要失去一切。比如，你可能在一家不错的公司有个很棒的主管职位，结果有一天发现公司被另一家不怎么样的公司收购了。有人告诉你一切都没变，似乎有一段时间你感觉也是这样的，但突然有一天，新公司宣布要裁员，你就接到了解雇通知。这真是当头一棒！突然你发现自己凑合了很久——现在被迫走人了。这样糟糕的醒悟意味着精疲力竭的开始。

虽然你非常想要留在旧现状，决定权却不在你手里。你可能试图与新老板商量继续凑合，或乞求多给一点时间——就再做 10 年而已！但最后你还是要面对外来因素，然后做点别的。

现在，你不再身处让人麻木而"舒服"的旧现状，而是被抛进了下一个阶段：混乱，也叫作极度倦怠。什么看起来都没有意义了。要么选择太多，要么选择太少。每次以为自己有了解决方案，脑海中都会浮现出十几种其他的可能性或疑团。你感觉就像是狂风骤雨的大海中的一叶小舟。间或有云开雨霁的时刻，之后却愈发澎湃凶险。你感觉——好吧，用"疯狂"来形容混乱阶段再合适不过了！

混乱感觉上和旧现状非常不同——甚至可以说是截然相反。它不无聊，但让人焦虑。它不安全，而是恐怖。它不郁闷，却强烈而动荡。你感觉失去平衡，毫无头绪。

但是，看看激流中翻滚的那些新思想吧！看看迸发创造力，抛弃旧偏见、旧信仰带来的可能性吧！最坏的已经过去了：你的小船被风暴撕碎。看看周围那些漂亮的木片、帆布、塑料和金属吧，一切都突然可以为你所用。

这就是混乱的精髓与力量。正是在混乱中，我们重新发现自己学习和成长的能力。在混乱中，我们发现自己愿意冒险，愿意行动。比如，我们回头看看丢了工作的例子。被外来因素打击之后，你可能会决定暂时放下主管工作，试试自己已经朝思暮想 10 年的东西。也许你想回去设计软件已经多年了，但手头有稳定的主管工作，无法承担时间和经济风险。或者，这就是你决定试水咨询的时候。

我认识很多人，他们在失去了全职工作的混乱中，找到了做出伟大事情的自由。比如雅各布决定休假几个月，写一本关于自己设计方法的书。温德尔开始在当地的社区大学主讲项目管理。帕特西在意大利接了一个咨询项目，这是她一直梦想前往的地方。艾威成了软件测试员，她一直觉得这很有意思，但作为备受尊敬的程序员却从未敢于尝试。而就我自己来说，我是在大学教书教到精疲力竭之后开始全职咨询的。

我们所有人都把混乱变成了好事，将倦怠甩在身后，开始了职业生涯的第二春，再一次做出了重要的成就。敢于冒险、发明创造还有不断学习，这些都拜混乱所赐。

让混乱发挥最大作用

因为倦怠源自于感知上的选择限制——"应该"——你可以利用混乱来重新掌控生活。第一步是要寻找支持并练习照顾自己——自己戴上氧气面罩，让自己有时间呼吸并开始使用其他的自尊工具。

□ 珍视自己、自己的信仰、自己的想法。利用祈愿杖来认识自己的
  底线。不要压抑，不要把他人的愿望放在自己的愿望之前。

- 相信自己。不要只是知道自己的底线，要遵守它。如果有些东西不适合你，把自己的是非符翻到"否"的一面。

- 了解自己，了解自己的风格和偏好。利用你的镜子。如果你花时间来放松，请确保你真的在放松。比如，"放松"对我来说意味着体育活动，比如徒步或是力量训练，而不是"休息"（静止）。对你它可能意味着坐下来看一本好的科幻小说（我也喜欢）。

- 练习照顾自己，遵守自己的生理和情感极限。比如，也许你可以利用望远镜来发现一些有能力的同事，可以把压在自己身上的不错项目转交出去。

- 休息一下。远离日常工作，哪怕只有一两天都可能让精神焕然一新。好好利用空余时间来做一些完全不同的事情。而你要是没有任何空余时间，那最好挤一点出来！沙漏就是干这个用的。

- 利用你的勇气棒，主动向他人寻求帮助。和其他顾问聊聊，交流一些经历，发发牢骚，说说你对于问题客户或项目的感受或顾虑。开放接受同事们提供的点子和建议。要说，也要听。

- 因为激励也是倦怠的温床，尊重自己对于有意义、恰当且有益的激励的需求。当你使用镜子来接收反馈时，你就能够重建自尊。

- 通过鱼眼镜头来观察全局，而不只是倦怠的时刻。这样可以提醒你注意自己的成功。把满意客户提供的"感觉很好"的信件放在剪贴本里，这样可以为你提供自己的视角和激励，在你需要推荐的时候也很有用。不过，记得要在自己情绪低落的时候看看它，而不只是在向潜在客户证明价值的时候！

- 把自己的"无聊"看作是旧现状——然后继续向前。用勇气棒来放弃熟悉的舒适，换取成长的风险。你有一把金钥匙，你知道怎么去用它。

□ 在需要时寻求情感支持。也许你只是需要一块回声板，或是一个柔软的肩膀。从那些不只会说你有多"棒"的人那里寻求这种支持。这是你充满智慧的心在聆听他们充满智慧的心。

□ 与你身处的混乱交友并珍惜它。把它作为一个恢复身心、重振旗鼓、找回动力和激情的地方。

□ 戴上侦探帽，拿出放大镜来寻找新的想法——越疯狂越好。与朋友和同事一起天马行空，然后——就去试试吧！

□ 让你的"蛋"提醒你学些新东西，和你已有的知识放在一起，并在客户身上试试看。给自己加上一点登山扣的保护——告诉客户这是个新点子。很多客户都非常喜欢参与指导试验的机会，也会因为你愿意学习而尊重你。如果这个客户不是这样，那也许正是一个信号——如果你留在他们那里太久，将来免不了会倦怠。

如今，一旦感觉出现倦怠的征兆，我就会提醒自己，除了前进无路可走——如果我能利用所有的工具。就算感觉像是墙在向我压过来，我也会把注意力集中在混乱为我创造了哪些可能，打开了哪些新的门。要找到并打开这些门需要觉察、理解、勇气和支持。在亲身经历了这个循环之后，我甚至成了更好的顾问，因为我在看到客户挣扎时能够给他们帮助。

而且，我越来越知道运用整个工具箱来减少倦怠发生的机会。我知道我有自己所需的所有工具，而从小屋里向外望去，我又发现了一件重要的事情。看着我周围的森林从让人绝望的大火中恢复生机，我知道大自然有一种特别的治愈能力。我不用为了摆脱倦怠而把自己搞得精疲力竭。大自然会站在我这边。

结　束　语

当我审视自己和自己的思维方法时，我得出的结论是，幻想的天赋对我来说比任何抽象、正向思维的能力都更为重要。

——阿尔伯特·爱因斯坦

我最初认为，我的自尊工具箱——包括弗吉尼亚·萨提尔的工具和我加进去的那些——纯粹是思想上的构造。不过随着年龄和阅历增长，我开始认识到代表工具的有形符号的力量——就像《绿野仙踪》里的巫师给桃乐茜的东西那样。多年以来，我搜集了一大堆可以代表工具的好东西，我现在也可以当巫师了。

流动的工具箱

我最珍视的东西中包括一个耐用的工具箱，它是凯特博士（一名医生）为我的一个系统有效性管理小组的每个组员制作的。另一位组员伊丽莎白写下了她把它传递下去时发生的故事：

> 我想给大家讲一个关于自尊工具箱的力量的故事，并且要感谢丹妮、杰里、让，还有凯特博士创造了我送出去的那套便携自尊工具箱。每一件自尊工具送出的时候，似乎都有生命发生了改变。
>
> 凯特博士给了我一套很小的便携自尊工具箱：七个精巧的饰物装在一个小小的透明盒子里。
>
> 我的朋友和员工梅丽莎当时和一个同事闹得很不愉快。我完全不知道怎么帮她，后来我想起了凯特小小的自尊工具箱。
>
> 我把它给梅丽莎看，给她逐个解释每个工具。梅丽莎十分感动。几个星期以后，我问她是否在使用这个工具箱，她神采飞扬地和我讲自己是怎么用的。
>
> 现在一年过去了。我前两天刚刚和梅丽莎吃过午饭，她给我讲了一个精彩的故事。她把这个自尊工具箱称为"盒子"（凯特用的那个漂亮的便携透明盒子），并把它们传递了下去。下面就是她自己讲述的故事。
>
> 我的一个朋友过得非常艰难。我不知道怎么帮助她，但我做了一个盒子，就像你给我的那个一样，又加上了一个仙女，这样她就知道这个盒子是一位非常关心她的朋友专门为她做的。

几个星期之后,她进了戒毒所。

经过很多艰苦的努力之后,她终于可以离开了。作为她的离别礼物,她为组中每位成员都做了一个小盒子,并加上了一个小天平,提醒每个人平衡生活,远离毒品。

她的戒毒组中什么人都有,包括有犯罪前科的、过着艰难冷酷生活的彪形大汉。我的朋友害怕他们会笑话她的礼物,做好了应付可能反应的准备,给了每位组员一个盒子。这些罪犯没有嘲笑或无视他们的小盒子,而是仔细拿着那些小小的饰物,有些笑着谢谢她,有些人则痛哭失声。

我在收到礼物的时候也会哭。我在听到这些故事的时候流下了眼泪。我当时正在为这本书寻找一个完美的结尾,而这份礼物来得正是时候。

也许你认识在苦苦求索的人。也许他们寻找的正是一套自尊工具箱。要送出这样的礼物,你甚至不用等到他们过生日了。

定律、法则和原理

加里的垃圾警告，第 15 页

不值得做的事情就不值得做好。

垃圾就别包彩纸了。

弗里伯的直觉筛，第 16 页

任何我不该做的事，我就不该去做——就这样。

适度理性规则，第 19 页

不要理性，要合理。

元智慧，第 20 页

听起来明智的并不见得都明智。

杀菌谬论，第 20 页

要是疼的话，说明它对你好。

美食需要时间。

要是他们告诉你疼就肯定对你好的话，换个顾问吧。

贪财格言，第 21 页

亏大钱的最佳方法之一就是纯粹为了钱做事。

傻瓜综合征，第 22 页

无所不知的人最好骗了。

主管线格言，第 23 页

你不知道的东西可能不会伤到你，但你记不得的东西肯定会。

快餐谬误，第 23 页

没区别加上没区别加上没区别……最后等于很大的区别。

波兰斯基指针，第 27 页

要是别人非常肯定它不在那儿，那它很可能就在那儿。

波兰斯基的推论，第 29 页

大家都指着的地方就不用看了。

波兰斯基的个人指针，第 30 页

要是你觉得什么事跟你毫无关系，它很可能就对你有用。

金锁，第 30 页

我是想学新东西啊，但我已知的东西收益太好了。

丹妮准则，第 31 页

要是你再学不到什么新东西，就该换换了。

懦夫信条，第 41 页

勇气不是一种感觉，而是外在表象。

胆小鬼公式，第 44 页

如果你害怕做 A 甚于害怕做 B，那你就会做 B。

洛夫特斯法则，第 48 页

有些人就会照本宣科，即使他们不知道书是谁写的，甚至不知道是哪本书。

马文第四大秘密，第 49 页

不管客户在做什么，告诉他们做点别的。

中介的悲惨定理，第 61 页

和中介谈个昏天黑地不大可能改善你的处境，因为人家是专业的，你是业余的。

快乐定理，第 62 页

不管代理抽走多少，你要是不高兴，他们就没饭吃了。

终极悲惨定理，第 66 页

你要是不知道自己想要什么，那就不太可能得到它。

铁路悖论，第 71 页

因为服务太差，所以改进服务的要求被拒绝了。

铁路逆悖论，第 72 页

如果服务太好，服务商可能根本不会听人说起它，于是把服务停掉了。

家庭主妇假设，第 72 页

不要假设你的客户除了等你电话之外就没别的事可做了。

斜边假说，第 76 页

要是你和数据之间隔着一个三角形，挑斜边走吧。

锤子定律，第 76 页

圣诞节收到一把锤子的孩子会发现所有东西都需要敲打。

维纳图书馆定律，第 76 页

没有答案，全是交叉引用。

勒吉恩定律，第 77 页

做事没效果，就去收集信息吧。
收集信息也没效果，那就去睡觉吧。

侦探第一法则，第 79 页

找问题的时候，别陷在你找到的第一个问题里。

侦探第二法则，第 80 页

既被枪打死又被捅死，和只被枪打死一样，都是死。

金黄法则，第 81 页

他们对别人做的事情最终也会落在你身上。

侦探第三法则，第 82 页

从对方问你的问题中获得你需要的信息。

侦探第四法则，第 83 页

如果你想不通怎么会冒出这些问题，也许它们是源于不想让你知道的某种安排。

舍比第四定律，第 85 页

如果你用到了四年级以上的算术，那很可能你做错了！

特德·威廉姆斯原理，第 86 页

要是你不是特别善于思考，就别想太多了。

侦探第五法则，第 86 页

混乱对既定的秩序有利，利用混乱找到罪魁祸首吧。

戈登初次咨询定律，第 92 页

面对客户的第一个邀约不要说"是"，但也绝不要说"不"。

马太是非信号，第 95 页

诚实可靠的人用不着通过强调自己的诚实可靠来证明自己所说

的"是"或"不"，每个人都本能地知道这一点。

老好人指南，第 97 页

如果你非得让每个人都喜欢你，那还是别干咨询了。

人际斜边假说，第 105 页

要是有人（C）隔在你（A）和另一个人（B）的心中间，选 A
和 B 之间最近的路。

"假如"技巧，第 108 页

假如你真的有感觉，那会是什么样的感觉？
你觉得别人会有什么样的感觉？

平行悖论，第 109 页

要是你和客户太像，就没什么吸引力；
要是你太不一样，又会把客户吓跑。

心的测试，第 113 页

如果你不关心对方或对方的问题，那就不要为他们做咨询。

生存定律，第 113 页

拼死努力，不如活着成功。

智慧的心测试，第 113 页

如果有人让你拼死帮助他，那你还是别帮他了。

三个手指法则，第 115 页

你用一根手指指别人的时候，看看另外三根手指在指哪里。

莫妮卡的好镜子，第 117 页

合同谈判是双方审视自我的绝佳时机。

莫妮卡的镜子忠告，第 118 页

好的镜子有些人不愿意看。

斯威尼小签名法则，第 118 页

如果你想要承诺有意义，别怨了，签吧。

帮助模型，第 121 页

不管看起来是什么样，每个人都是想帮忙的。

卡尔的建设性推论，第 121 页

把反馈当作提醒，而不是指责。

肯尼修车定律，第 122 页

最常修或最常换的零件肯定放在最难拿到的地方。

头号秘密，第 123 页

没有什么秘密。每个人都可以观察人类的行为。

萨提尔的三个普适问题，第 124 页

❑ 我是怎么来到这里的？（过去）

❑ 我在这里感觉如何？（现在）

❑ 我希望发生什么呢？（将来）

望远镜聚焦清单，第 135 页

1. 定心。

2. 环境。

3. 记录。

4. 相似。

5. 投射。

6. 归类。

7. 读心。

8. 历史。

9. 道听途说。

10. 分享。

数据问题，第 137 页

我看到或听到了哪些特定的东西让我对这个人产生了这样的印象？

伊莎贝尔最初的暗示，第 139 页

你永远都不是从一张白纸开始。

无可避免的纷繁特殊性定律，第 140 页

对某人有利的，也许对他人有害。

甲之蜜糖，乙之砒霜。

糟糕咨询第一定律，第 144 页

不管用就多试几次。

优秀咨询第一定律，第 144 页

不管用就试试别的。

唐氏偏差推导，第 145 页

要是太过规则，那就不是观察，而是构造。

斯巴克斯解决问题定律，第 148 页

你越接近找出造成问题的人，解决问题的机会就越小。

背景障眼，第 149 页

鱼儿总是最后一个看见水的。

前景幻想，第 150 页

鱼儿总是第一个注意到空气的。

五分钟法则，第 151 页

客户永远都知道怎么解决自己的问题，并且会在头五分钟里讲出来。

伯丁追溯原理，第 152 页

事情是一步步变成现在的样子的。

布朗的天才遗产，第 153 页

语言经常很有用，但听听音乐总有好处，特别是你自己内心的音乐。

对不一致的洞察力，第 155 页

语言和音乐不搭配的时候就指出了一个缺漏。

逆镀金法则，第 157 页

所有假的东西都得改正。

扭曲信道疏通器，第 157 页

如果你收到的信息没法理解，先看看信道是不是通畅。

完美姿态悖论，第 162 页

你要想无法协调，努力寻求完美的协调吧。

体脑指示，第 167 页

相信身体，然后才是大脑。

萨提尔的输/赢/学习原理，第 176 页

如果你自身协调，你可能赢，也可能输，但你总能学到东西。

神力模式，第 176 页

有些人有魔法（神力），有些人没有。

"越牛越沉默的困境"，第 176 页

越是协调，越是要注意自己的言语。

斯塔尔代理综合征，第 177 页

不管你或他人有多想要，你都不能代别人达到协调。

内欧米的知识印象，第 178 页

经验不仅是最好的老师；它是唯一的老师。

经验可能是唯一的老师；但它不一定会教你任何东西。

克拉克第三定律，第 185 页

任何足够先进的技术都和魔术无异。

魔术的双重枷锁，第 185 页

要是它和魔术无异，我怎么知道下次它不会失灵呢？

选择护身符，第 188 页

人们在这里是因为他们选择到这儿来。

范妮的忧郁宿命论，第 192 页

到头来一切都无关紧要。

费莉西蒂的羽毛哲学，第 192 页

既然到头来一切都无关紧要，那我假装它很重要也没关系。

既然到头来一切都无关紧要，那我假装我没在假装也没关系。

潘多拉的疹子，第 195 页

新玩意儿从来不好使，但我们总是希望这一次会有所不同。

浪费时间的东西，第 195 页

- ☐ 混乱会浪费时间。

- ☐ 急躁会浪费时间。信任可以换时间。如果用得好的话，钱也可以。

- ☐ 匆忙下结论会浪费时间，指责也会。

- ☐ 计算机可能会浪费时间；备份可以节约时间。

- ☐ 休息并不会浪费时间，问题是缺乏有效的规划。

- ☐ 留有余地节省时间，依赖可靠的人也可以。

- ☐ 教导新人会花时间，但这个时间并没有浪费。

- ☐ 测试看起来很花时间，但如果做得好，做的早，它节约的时间更多。

- ☐ 培训看起来也是要花时间的，但它实际上会省时间——如果做得早的话。

- ☐ 错误会浪费时间。

- ☐ 不耐烦会浪费时间，不接受现实也会。

- ☐ 不是项目不符合计划，而是计划不符合项目。

- ☐ 组织失当会浪费时间，不切实际的期望也会。

- ☐ 放弃自己的原则省下的时间根本算不上节省，实际上它完全是在浪费生命。

❑　保持适度节省了大量的时间。

❑　钱可能买不到幸福，但可以买到稳定性，从而赢得时间。

杰里的项目生活铁律，第 198 页

总是会花更长的时间。

时间炸弹，第 200 页

时间会击破所有弱点。

纪惠利落秘方，第 200 页

没有"萝卜快了不洗泥"这种事儿。如果你要做得快，就要做得好。

里奥懒惰定律，第 203 页

明天甚至永远都不必做的事情，今天就绝不要做。事实上，再也不要想着去做了。

让混乱发挥最大作用，第 214 页

❑　珍视自己、自己的信仰、自己的想法。

❑　相信自己。

❑　了解自己，了解自己的风格和偏好。

❑　练习照顾自己。

❑　休息一下。

- ❑ 主动向他人寻求帮助。
- ❑ 尊重自己对于有意义、恰当且有益的激励的需求。
- ❑ 提醒自己曾有的成功。
- ❑ 把自己的"无聊"看作是旧现状——然后继续向前。
- ❑ 在需要时寻求情感支持。
- ❑ 与你身处的混乱交友并珍惜它。
- ❑ 寻找新的想法——越疯狂越好。
- ❑ 学些新东西，和你已有的知识放在一起，并在客户身上试试看。

人 名 表

Abraham Kaplan 亚伯拉罕·卡普兰

Albert Einstein 阿尔伯特·爱因斯坦

Aristotle 亚里士多德

Arthur Clarke 阿瑟·克拉克

Bertrand Russell 伯特兰·罗素

Bing Crosby 宾·克劳斯贝

Bob Wachtel 鲍勃·瓦赫特尔

Cary Baker 加里·贝克

Charlie Seashore 查理·西肖尔

Dan Starr 丹·斯塔尔

Dani Weinberg 丹妮·温伯格

Donald Gause 唐纳德·高斯

Edie Charlie 伊迪·西肖尔

Eileen Strider 艾琳·斯泰德

Emerson 爱默生

Ernst Strauss 恩斯特·斯特劳斯

Erving Goffman 厄文·高夫曼

Felicity 费莉西蒂

Frank Baum 弗兰克·鲍姆

Frank Macfarlane Burnet 弗兰克·麦克法兰·伯内特

George Patton 乔治·巴顿

Gerald Weinberg 杰拉尔德·温伯格

Georg Christoph Lichtenberg 格奥尔格·克里斯托弗·利希滕伯格

Gordon MacKenzie 戈登·麦克肯西

Gordon Schaffer 戈登·沙弗

Harry Weinberg 哈里·温伯格

Henry David Thoreau 亨利·戴维·梭罗

Jean McLendon 让·麦克兰登

La Rochefoucauld 拉罗什富科

Larry Paz 拉里·帕斯

Leo Hepis 里奥·赫皮斯

Linda Swirczek 琳达·斯维泽科

Marcel Proust 马塞尔·普鲁斯特

Michelangelo Buonarroti 米开朗基罗·博那罗蒂

Naomi Karten 内欧米·卡腾

Oscar Wilde 奥斯卡·王尔德

Pamela E. Butler 帕梅拉·E·巴特勒

Pat Schroeder 帕特·施罗德

Parson 帕森

Paula Jacobs 宝拉·雅各布斯

Peter Block 彼得·布洛克

Robert Burns 罗伯特·彭斯

Sammy Davis 萨米·戴维斯

Satyajit Ray 萨蒂亚吉特·雷

Sharon Marsh Roberts 雪伦·玛什·罗伯茨

Sherlock Holmes 夏洛克·福尔摩斯

Sigmund Freud 西格蒙德·弗洛伊德

Sloan Wilson 斯隆·威尔逊

Sue Petersen 苏·彼得森

Ted Williams 特德·威廉姆斯

Tim O'Flynn 提姆·欧福林

Tom Crum 汤姆·克拉姆

Satir 萨提尔

Winston Churchill 温斯顿·丘吉尔

Yogi Berra 尤吉·贝拉

参 考 文 献

Bullock, James, Gerald M. Weinberg and Mario Benesh, eds. *Roundable on Project Management: A SHAPE FORUM Dialog.* New York: Dorset House Publishing, 2001.

Burnet, M. and D.O. White. *Natural History of Infectious Disease.* London: Cambridge University Press, 1972.

Butler, Pamela E. *Talking to Yourself: Learning the Language of Self-Affirmation.* San Francisco: HarperSanFrancisco, 1991.

Clarke, Arthur C. *Profiles of the Future: An Inquiry into the Limits of the Possible.* New York: HarperCollins, 1973.

Crum, Tom F. *The Magic of Conflict.* New York: Touchstone, Simon & Schuster, 1987.

Darby III, Joseph B. "Law and Tax: It's Time to Take Non-Compete Agreements Seriously", *Contract Professional* (July -- August 1998), p. 45.

Gause, Donald C. and Gerald M. Weinberg. *Are Your Lights On? How to Figure Out What the Problem Really Is.* New York: Dorset House Publishing, 1990.

------. *Exploring Requirements: Quality Before Design.* New York: Dorset House Publishing, 1989.

Goffman, Erving. *Asylums.* Garden City, N. Y.: Doubleday & Co., 1961.

Kaplan, Abraham. *The Conduct of Inquiry: Methodology for Behavioral Science.* San Francisco:

Chandler Publishing, 1964.

Le Guin, Ursula K. *The Left Hand of Darkness*. New York: Harper & Row, 1980.

Russell, Bertrand. *The Collected Stories of Bertrand Russell*. London: Allen & Unwin, 1972.

Seashore, C., E. Seashore and G.M. Weinberg. *What Did You Say? The Art of Giving and Receiving Feedback*. North Attleboro, Mass.: Douglas Charles Press, 1992.

Stevens, J. *The Secrets of Aikido*. Boston: Shambhala, 1995.

Suzuki, Shunryu. *Zen Mind, Beginne's Mind*. New York: Weatherhill, 1960.

Weinberg, Gerald M. *Becoming a Technical Leader*. New York: Dorset House Publishing, 1986.

------. *Experiment in Problem Solving*. Ph. D. Thesis, University of Michigan, 1965.

------. *An Introduction to General Systems Thinking: Silver Anniversary Edition*. New York: Dorset House Publishing, 2001.

------, *The Psychology of Computer Programming: Silver Anniversary Edition*. New York: Dorset House Publishing, 1998.

------, *Quality Software Management, Vol. 1: Systems Thinking*. New York: Dorset House Publishing, 1992.

------, *Quality Software Management, Vol. 2: First-Order Measurement*. New York: Dorset House Publishing, 1993.

------, *Quality Software Management, Vol. 3: Congruent Action*. New York: Dorset House Publishing, 1994.

------, *Quality Software Management, Vol. 4: Anticipating Change*. New York: Dorset House Publishing, 1997.

------, *Rethinking Systems Analysis & Design*, New York: Dorset House Publishing, 1988.

------, *The Secrets of Consulting*. New York: Dorset House Publishing, 1985.

------, James Bach and Naomi Karten, eds., *Amplifying Your Effectivness: Collected Essays*. New York: Dorset House Publishing, 2000.

------, Marie Benesh and James Bullock, eds. *Roundtable on Technical Leadership: A SHAPE Forum Dialogue*. New York: Dorset House Publishing, 2002.

欢迎加入

图灵社区 iTuring.cn

——最前沿的IT类电子书发售平台

电子出版的时代已经来临。在许多出版界同行还在犹豫彷徨的时候，图灵社区已经采取实际行动拥抱这个出版业巨变。作为国内第一家发售电子图书的IT类出版商，图灵社区目前为读者提供两种DRM-free的阅读体验：在线阅读和PDF。

相比纸质书，电子书具有许多明显的优势。它不仅发布快，更新容易，而且尽可能采用了彩色图片（即使有的书纸质版是黑白印刷的）。读者还可以方便地进行搜索、剪贴、复制和打印。

图灵社区进一步把传统出版流程与电子书出版业务紧密结合，目前已实现作译者网上交稿、编辑网上审稿、按章发布的电子出版模式。这种新的出版模式，我们称之为"敏捷出版"，它可以让读者以较快的速度了解到国外最新技术图书的内容，弥补以往翻译版技术书"出版即过时"的缺憾。同时，敏捷出版使得作、译、编、读的交流更为方便，可以提前消灭书稿中的错误，最大程度地保证图书出版的质量。

优惠提示：现在购买电子书，读者将获赠书款20%的社区银子，可用于兑换纸质样书。

——最方便的开放出版平台

图灵社区向读者开放在线写作功能，协助你实现自出版和开源出版的梦想。利用"合集"功能，你就能联合二三好友共同创作一部技术参考书，以免费或收费的形式提供给读者。（收费形式须经过图灵社区立项评审。）这极大地降低了出版的门槛。只要你有写作的意愿，图灵社区就能帮助你实现这个梦想。成熟的书稿，有机会入选出版计划，同时出版纸质书。

图灵社区引进出版的外文图书，都将在立项后马上在社区公布。如果你有意翻译哪本图书，欢迎你来社区申请。只要你通过试译的考验，即可签约成为图灵的译者。当然，要想成功地完成一本书的翻译工作，是需要有坚强的毅力的。

——最直接的读者交流平台

在图灵社区，你可以十分方便地写作文章、提交勘误、发表评论，以各种方式与作译者、编辑人员和其他读者进行交流互动。提交勘误还能够获赠社区银子。

你可以积极参与社区经常开展的访谈、乐译、评选等多种活动，赢取积分和银子，积累个人声望。